C. Sallustius Crispus

Catilinae Coniuratio

Teil 1: Text

Neubearbeitung mit einem Verzeichnis der Eigennamen, herausgegeben von Norbert Zink

Verlag Moritz Diesterweg
Frankfurt am Main

C. Sallustius Crispus
CATILINAE CONIURATIO
Teil 1: Text (MD-Nr. 4341)
Teil 2: Übersetzungshilfen (MD-Nr. 4342)

ISBN 3-425-04341-2
© 1991 Verlag Moritz Diesterweg GmbH & Co., Frankfurt am Main.
Alle Rechte vorbehalten. Das Werk und seine Teile sind urheberrechtlich geschützt. Jede Verwertung in anderen als den gesetzlich zugelassenen Fällen bedarf deshalb der vorherigen schriftlichen Einwilligung des Verlags.

Satz: Bibliomania GmbH, Frankfurt am Main
Druck: Wiesbadener Graphische Betriebe GmbH, Wiesbaden

Inhalt

Einleitung zur Textausgabe 4

Sprache und Stil Sallusts 5

C. Sallusti Crispi Catilinae Coniuratio 7

Verzeichnis der Eigennamen 35

Die wichtigsten Textvarianten 43

Einleitung zur Textausgabe

Die Ausgaben der Catilinae Coniuratio von A. Ernout (Paris 1958[3]), J. Hellegouarc'h (Paris 1972), A. Kurfess (Leipzig 1981[9]) und J.T. Ramsey (Atlanta, Georgia 1984) dienten als Grundlage für die Textkonstitution. Dabei wurden die archaischen Formen, Wörter und Wendungen durchgehend eingebracht. Eine grundlegende Neufassung des Textes durch persönliche Einsicht in Handschriften war zumindest zeitlich nicht möglich und auch nicht nötig, weil neben den vorhandenen Ausgaben kein nennenswerter Ertrag herausgekommen wäre. Die Sallustüberlieferung ist bekanntermaßen nicht unproblematisch, weil die zahlreich aus dem 10. und 12. Jahrhundert erhaltenen Handschriften möglicherweise nicht auf einen, sondern auf mehrere Archetypi zurückgehen. Durch sich dadurch ergebende Beziehungen untereinander werden die Klassifizierungen schwierig. Hinzu kommt, daß durch die Überlieferung von Zitaten erkennbar wird, daß es bereits im Altertum keine einheitliche Textversion gegeben hat, weil die Coniuratio viel gelesen wurde.
Im Gefolge der oben genannten Editionen erscheint der Sallusttext im wesentlichen gesichert. Textprobleme sind in K. Vretskas Kommentar (Heidelberg 1976, 2 Halbbände) erörtert, doch folgt der Herausgeber im ganzen der Teubneriana von A. Kurfess.
Auf eine Interpunktion, die mehr der deutschen entspricht, und für deutsche Leser, Studenten wie Schüler vor allem wünschenswert ist, wurde geachtet.
Bei der Gliederung der Abschnitte nach inhaltlichen Gesichtspunkten war die Teubneriana richtungsweisend.

Kaiserslautern, im Mai 1990   Norbert Zink

Sprache und Stil Sallusts

Sallust benutzt gezielt die Sprache Altroms, indem er in Anlehnung an ältere Dichter und Schriftsteller, besonders Cato, altertümliche Formen, Wörter und Ausdrucksweisen verwendet. Der Stil seiner Werke ist charakteristisch durch altertümliche Strenge, gesuchte Kürze und bewußte Unebenheit des Ausdrucks.

1. Lautlehre
o statt e: divorsi 2, 1; convortit 6, 7; vostra 20, 2.
u statt i: maxume 1, 3; optumus 2, 6; finitumi 6, 4; lubido 2, 2; aestumo 2, 8; existumo 4, 4.
u statt e: colundo 4, 1; capiundae 5, 6.
Keine Assimilation: adpetens 5, 4; inbutus 13, 5; conrupta 14, 1; subpetebat 16, 3; obprimundae 16, 4.
Altertümlich: quoius = cuius, quoi = cui

2. Formenlehre
Gen. sing. der 2. Deklination -i (statt -ii): imperi 2, 1; consili 17, 2.
Gen. sing. der 4. Deklination -i (statt -us): senati.
Acc. plur. der 3. Deklination bei Substantiven, Adjektiven und Partizipien, die den gen. plur. auf -ium bilden.
-is (aus -eis) statt -es: omnis 1, 1; mortalis 1, 5; urbis 7, 7.
Die 3. Person plur. perf. act. endet auf -ere statt -erunt: coepere 2, 2; invasere 2, 5; transiere 2, 8.
Relativpronomen Dat. und Abl. pl.: quis statt quibus.

3. Wortschatz
Verbum: verba frequentativa, in der Bedeutung des einfachen Verbs:
  agitare = agere 2, 2;
  ductare = ducere 11, 5; 17, 7; 19, 3.
forem = essem, so in Bedingungssätzen 14, 7; 18, 8.
Negation: haud = non, z. B. haud facile = difficillime 51, 2.

4. Satzlehre
Verbindung von esse mit Adverb: z. B. frustra fuissent 20, 2; abunde erant 21, 1; post fuere 23, 6.
Infinitivus historicus in gedrängten Schilderungen, auch in Nebensätzen, statt des Imperfektums: z. B. festinare, parare, ... hortari, ... obviam ire, ... tegere, post ... portabant ... parabant 6, 5 usw.; zehn Infinitive in 27, 2.

Erfahrungstatsache im Perfekt: pecuniae ... quam nemo sapiens concupivit = „das kein Weiser je begehrt hat" = „... begehrt" 11, 3.

5. Stilistik

Stabreim (Alliteration): z. B. facinus facere 7, 6.

Zweigliedriger Ausdruck (Hendiadyoin): mutari atque misceri „in völlige Verwirrung geraten" 2, 3.

Kürze: Auslassungen der Wörter (die sich von selbst verstehen), z. B. esse.

Unverbundene Aneinanderreihung (Asyndeton): imperia iniusta, superba, crudelia 19, 4.

Abwechslung im Ausdruck (variatio):
Wechsel von pars ... alii 2, 1.
Wechsel des Subjekts: animus (meus) requievit et ... decrevi 4, 1.
Wechsel in der Zeitenfolge: si vellent, discendant 34, 1.
Wechsel zwischen inf. hist. und verbum finitum: exsecrari, tollere, agitabat 48, 1.
Wechsel zwischen Substantiv und Satz: audacia in bello, ubi pax evenerat (= in pace), aequitate (zugleich Chiasmus, s. u.) 9, 3.

Gegensatzpaare (Chiasmus): 2, 5 pro continentia et aequitate lubido atque superbia.

C. Sallusti Crispi

Catilinae Coniuratio

Omnis homines, qui sese student praestare ceteris animalibus, summa ope niti decet, ne vitam silentio transeant veluti pecora, quae natura prona atque ventri oboedientia finxit. sed nostra omnis vis in animo et corpore sita est: animi imperio, corporis servitio magis utimur; alterum nobis cum dis, alterum cum beluis commune est. quo mihi rectius videtur ingeni quam virium opibus gloriam quaerere et, quoniam vita ipsa, qua fruimur, brevis est, memoriam nostri quam maxume longam efficere. nam divitiarum et formae gloria fluxa atque fragilis est, virtus clara aeternaque habetur.
Sed diu magnum inter mortalis certamen fuit, vine corporis an virtute animi res militaris magis procederet. nam et, prius quam incipias, consulto et, ubi consulueris, mature facto opus est. ita utrumque per se indigens alterum alterius auxilio eget. igitur initio reges – nam in terris nomen imperi id primum fuit – divorsi pars ingenium, alii corpus exercebant: etiam tum vita hominum sine cupiditate agitabatur; sua quoique satis placebant. postea vero quam in Asia Cyrus, in Graecia Lacedaemonii et Athenienses coepere urbis atque nationes subigere, lubidinem dominandi causam belli habere, maxumam gloriam in maxumo imperio putare, tum demum periculo atque negotiis compertum est in bello plurumum ingenium posse.
Quod si regum atque imperatorum animi virtus in pace ita ut in bello valeret, aequabilius atque constantius sese res humanae haberent, neque aliud alio ferri neque mutari ac misceri omnia cerneres. nam imperium facile iis artibus retinetur, quibus initio partum est. verum ubi pro labore desidia, pro continentia et aequitate lubido atque superbia invasere, fortuna simul cum moribus inmutatur. ita imperium semper ad optumum quemque a minus bono transfertur.
Quae homines arant navigant aedificant, virtuti omnia parent. sed multi mortales, dediti ventri atque somno, indocti incultique vitam sicuti peregrinantes transiere; quibus profecto contra naturam corpus voluptati, anima oneri fuit. eorum ego vitam mortemque iuxta aestumo, quoniam de utraque siletur. verum enim vero is demum mihi vivere atque frui anima videtur, qui aliquo negotio intentus praeclari facinoris aut artis bonae famam quaerit.
Sed in magna copia rerum aliud alii natura iter ostendit. pulchrum est bene facere rei publicae, etiam bene dicere haud absurdum est; vel pace vel bello clarum fieri licet; et qui fecere et qui facta aliorum

2 scripsere, multi laudantur. ac mihi quidem, tametsi haudquaquam par gloria sequitur scriptorem et auctorem rerum, tamen in primis arduom videtur res gestas scribere: primum, quod facta dictis exaequanda sunt; dehinc, quia plerique, quae delicta reprehenderis, malevolentia et invidia dicta putant, ubi de magna virtute atque gloria bonorum memores, quae sibi quisque facilia factu putat, aequo animo accipit, supra ea veluti ficta pro falsis ducit.
3 Sed ego adulescentulus initio, sicuti plerique, studio ad rem publicam latus sum, ibique mihi multa advorsa fuere. nam pro pudore, pro
4 abstinentia, pro virtute audacia, largitio, avaritia vigebant. quae tametsi animus aspernabatur insolens malarum artium, tamen inter tanta
5 vitia imbecilla aetas ambitione conrupta tenebatur; ac me, quom ab reliquorum malis moribus dissentirem, nihilo minus honoris cupido
4 1 eadem, qua ceteros, fama atque invidia vexabat. igitur ubi animus ex multis miseriis atque periculis requievit et mihi reliquam aetatem a re publica procul habendam decrevi, non fuit consilium socordia atque desidia bonum otium conterere, neque vero agrum colundo
2 aut venando, servilibus officiis, intentum aetatem agere; sed a quo incepto studioque me ambitio mala detinuerat, eodem regressus statui res gestas populi Romani carptim, ut quaeque memoria digna videbantur, perscribere, eo magis, quod mihi a spe, metu, partibus rei publicae animus liber erat.
3 Igitur de Catilinae coniuratione, quam verissumo potero, paucis ab-
4 solvam; nam id facinus in primis ego memorabile existumo sceleris
5 atque periculi novitate. de quoius hominis moribus pauca prius explananda sunt quam initium narrandi faciam.
5 1 L. Catilina, nobili genere natus, fuit magna vi et animi et corporis,
2 sed ingenio malo pravoque. huic ab adulescentia bella intestina, caedes, rapinae, discordia civilis grata fuere, ibique iuventutem suam
3 exercuit. corpus patiens inediae, algoris, vigiliae, supra quam quoi-
4 quam credibile est. animus audax, subdolus, varius, quoius rei lubet simulator ac dissimulator, alieni adpetens, sui profusus, ardens in
5 cupiditatibus; satis eloquentiae, sapientiae parum. vastus animus in-
6 moderata, incredibilia, nimis alta semper cupiebat. hunc post dominationem L. Sullae lubido maxuma invaserat rei publicae capiundae; neque, id quibus modis adsequeretur, dum sibi regnum pararet,
7 quicquam pensi habebat. agitabatur magis magisque in dies animus ferox inopia rei familiaris et conscientia scelerum, quae utraque iis
8 artibus auxerat, quas supra memoravi. incitabant praeterea conrupti civitatis mores, quos pessuma ac divorsa inter se mala, luxuria atque avaritia, vexabant.
9 Res ipsa hortari videtur, quoniam de moribus civitatis tempus admonuit, supra repetere ac paucis instituta maiorum domi militiaeque,

8

quo modo rem publicam habuerint quantamque reliquerint, ut paulatim inmutata ex pulcherruma atque optuma pessuma ac flagitiosissuma facta sit, disserere.

Urbem Romam, sicuti ego accepi, condidere atque habuere initio Troiani, qui Aenea duce profugi sedibus incertis vagabantur, cumque iis Aborigines, genus hominum agreste, sine legibus, sine imperio, liberum atque solutum. hi postquam in una moenia convenere, dispari genere, dissimili lingua, alius alio more viventes, incredibile memoratu est, quam facile coaluerint: ita brevi multitudo dispersa atque vaga concordia civitas facta erat. sed postquam res eorum, civibus, moribus, agris aucta, satis prospera satisque pollens videbatur, sicuti pleraque mortalium habentur, invidia ex opulentia orta est. igitur reges populique finitumi bello temptare, pauci ex amicis auxilio esse: nam ceteri metu perculsi a periculis aberant. at Romani domi militiaeque intenti festinare, parare, alius alium hortari, hostibus obviam ire, libertatem, patriam parentisque armis tegere. post, ubi pericula virtute propulerant, sociis atque amicis auxilia portabant, magisque dandis quam accipiundis beneficiis amicitias parabant. imperium legitumum, nomen imperi regium habebant. delecti, quibus corpus annis infirmum, ingenium sapientia validum erat, rei publicae consultabant; hi vel aetate vel curae similitudine patres appellabantur. post, ubi regium imperium, quod initio conservandae libertatis atque augendae rei publicae fuerat, in superbiam dominationemque se convortit, inmutato more annua imperia binosque imperatores sibi fecere; eo modo minume posse putabant per licentiam insolescere animum humanum.

Sed ea tempestate coepere se quisque magis extollere magisque ingenium in promptu habere. nam regibus boni quam mali suspectiores sunt, semperque iis aliena virtus formidulosa est. sed civitas incredibile memoratu est adepta libertate quantum brevi creverit: tanta cupido gloriae incesserat. iam primum iuventus, simul ac belli patiens erat, in castris per laborem usum militiae discebat, magisque in decoris armis et militaribus equis quam in scortis atque conviviis lubidinem habebant. igitur talibus viris non labor insolitus, non locus ullus asper aut arduos erat, non armatus hostis formidulosus: virtus omnia domuerat. sed gloriae maxumum certamen inter ipsos erat: se quisque hostem ferire, murum ascendere, conspici, dum tale facinus faceret, properabat. eas divitias, eam bonam famam magnamque nobilitatem putabant. laudis avidi, pecuniae liberales erant; gloriam ingentem, divitias honestas volebant. memorare possum, quibus in locis maxumas hostium copias populus Romanus parva manu fuderit, quas urbis natura munitas pugnando ceperit, ni ea res longius nos ab incepto traheret.

8 1 Sed profecto fortuna in omni re dominatur; ea res cunctas ex lubidine 2 magis quam ex vero celebrat obscuratque. Atheniensium res gestae, sicuti ego aestumo, satis amplae magnificaeque fuere, verum ali- 3 quanto minores tamen, quam fama feruntur. sed quia provenere ibi scriptorum magna ingenia, per terrarum orbem Atheniensium facta 4 pro maxumis celebrantur. ita eorum, qui fecere, virtus tanta habetur, 5 quantum eam verbis potuere extollere praeclara ingenia. at populo Romano numquam ea copia fuit, quia prudentissumus quisque maxume negotiosus erat, ingenium nemo sine corpore exercebat; optumus quisque facere quam dicere, sua ab aliis bene facta laudari quam ipse aliorum narrare malebat.

9 1 Igitur domi militiaeque boni mores colebantur; concordia maxuma, minuma avaritia erat; ius bonumque apud eos non legibus magis 2 quam natura valebat. iurgia, discordias, simultates cum hostibus exercebant, cives cum civibus de virtute certabant. in suppliciis deo- 3 rum magnifici, domi parci, in amicos fideles erant. duabus his artibus, audacia in bello, ubi pax evenerat, aequitate, seque remque publicam 4 curabant. quarum rerum ego maxuma documenta haec habeo, quod in bello saepius vindicatum est in eos, qui contra imperium in hostem pugnaverant quique tardius revocati proelio excesserant, quam qui 5 signa relinquere aut pulsi loco cedere ausi erant; in pace vero, quod beneficiis magis quam metu imperium agitabant et accepta iniuria ignoscere quam persequi malebant.

10 1 Sed ubi labore atque iustitia res publica crevit, reges magni bello domiti, nationes ferae et populi ingentes vi subacti, Carthago, aemula imperi Romani, ab stirpe interiit, cuncta maria terraeque patebant, 2 saevire fortuna ac miscere omnia coepit: qui labores, pericula, dubias atque asperas res facile toleraverant, iis otium divitiaeque, optanda 3 alias, oneri miseriaeque fuere. igitur primo pecuniae, deinde imperi 4 cupido crevit: ea quasi materies omnium malorum fuere. namque avaritia fidem, probitatem ceterasque artis bonas subvortit; pro his superbiam, crudelitatem, deos neglegere, omnia venalia habere edo- 5 cuit. ambitio multos mortalis falsos fieri subegit, aliud clausum in pectore, aliud in lingua promptum habere, amicitias inimicitiasque non ex re, sed ex commodo aestumare, magisque voltum quam in- 6 genium bonum habere. haec primo paulatim crescere, interdum vindicari; post, ubi contagio quasi pestilentia invasit, civitas inmutata, imperium ex iustissumo atque optumo crudele intolerandumque factum.

11 1 Sed primo magis ambitio quam avaritia animos hominum exercebat, 2 quod tamen vitium propius virtutem erat. nam gloriam, honorem, imperium bonus et ignavos aeque sibi exoptant; sed ille vera via nititur, huic quia bonae artes desunt, dolis atque fallaciis contendit.

avaritia pecuniae studium habet, quam nemo sapiens concupivit: ea, 3
quasi venenis malis inbuta, corpus animumque virilem effeminat,
semper infinita, insatiabilis est, neque copia neque inopia minuitur.
Sed postquam L. Sulla armis recepta re publica bonis initiis malos 4
eventus habuit, rapere omnes, trahere, domum alius, alius agros cupere, neque modum neque modestiam victores habere, foeda crudeliaque in civis facinora facere. huc adcedebat, quod L. Sulla exer- 5
citum, quem in Asia ductaverat, quo sibi fidum faceret, contra morem
maiorum luxuriose nimisque liberaliter habuerat. loca amoena voluptaria facile in otio ferocis militum animos molliverant: ibi primum 6
insuevit exercitus populi Romani amare, potare, signa, tabulas pictas,
vasa caelata mirari, ea privatim et publice rapere, delubra spoliare,
sacra profanaque omnia polluere. igitur ii milites, postquam victo- 7
riam adepti sunt, nihil reliqui victis fecere. quippe secundae res sa- 8
pientium animos fatigant: ne illi corruptis moribus victoriae temperarent.
Postquam divitiae honori esse coepere et eas gloria, imperium, po- 1 **12**
tentia sequebatur, hebescere virtus, pauperta probro haberi, innocentia pro malevolentia duci coepit. igitur ex divitiis iuventutem lu- 2
xuria atque avaritia cum superbia invasere: rapere, consumere, sua
parvi pendere, aliena cupere, pudorem, pudicitiam, divina atque humana promiscua, nihil pensi neque moderati habere. operae pretium 3
est, quom domos atque villas cognoveris in urbium modum exaedificatas, visere templa deorum, quae nostri maiores, religiosissumi mortales, fecere. verum illi delubra deorum pietate, domos suas gloria 4
decorabant neque victis quicquam praeter iniuriae licentiam eripiebant. at hi contra, ignavissumi homines, per summum scelus omnia 5
ea sociis adimere, quae fortissumi viri victores reliquerant: proinde
quasi iniuriam facere, id demum esset imperio uti. nam quid ea me- 1 **13**
morem, quae nisi iis, qui videre, nemini credibilia sunt, a privatis
compluribus subvorsos montis, maria constrata esse? quibus mihi 2
videntur ludibrio fuisse divitiae; quippe, quas honeste habere licebat,
abuti per turpitudinem properabant. sed lubido stupri, ganeae ce- 3
terique cultus non minor incesserat: viri muliebria pati, mulieres
pudicitiam in propatulo habere; vescendi causa terra marique omnia
exquirere; dormire, prius quam somni cupido esset; non famem aut
sitim, neque frigus neque lassitudinem opperiri, sed ea omnia luxu
antecapere. haec iuventutem, ubi familiares opes defecerant, ad fa- 4
cinora incendebant: animus inbutus malis artibus haud facile lubi- 5
dinibus carebat; eo profusius omnibus modis quaestui atque sumptui
deditus erat.
In tanta tamque conrupta civitate Catilina, id quod factu facillumum 1 **14**
erat, omnium flagitiorum atque facinorum circum se tamquam sti-

2 patorum catervas habebat. nam quicumque inpudicus, adulter, ganeo manu, ventre, pene bona patria laceraverat, quique alienum aes
3 grande conflaverat, quo flagitium aut facinus redimeret, praeterea omnes undique parricidae, sacrilegi, convicti iudiciis aut pro factis iudicium timentes, ad hoc, quos manus atque lingua periurio aut sanguine civili alebat, postremo omnes, quos flagitium, egestas, conscius animus exagitabat, ii Catilinae proxumi familiaresque erant.
4 quod si quis etiam a culpa vacuos in amicitiam eius inciderat, cottidiano usu atque illecebris facile par similisque ceteris efficiebatur.
5 sed maxume adulescentium familiaritates adpetebat: eorum animi
6 molles et aetate fluxi dolis haud difficulter capiebantur. nam ut quoiusque studium ex aetate flagrabat, aliis scorta praebere, aliis canes atque equos mercari; postremo neque sumptui neque modestiae suae parcere, dum illos obnoxios fidosque sibi faceret.
7 Scio fuisse nonnullos, qua ita existumarent iuventutem, quae domum Catilinae frequentabat, parum honeste pudicitiam habuisse; sed ex aliis rebus magis, quam quod quoiquam id compertum foret, haec
15 5 fama valebat. iam primum adulescens Catilina multa nefanda stupra fecerat, cum virgine nobili, cum sacerdote Vestae, alia huiusce modi
2 contra ius fasque. postremo captus amore Aureliae Orestillae, quoius praeter formam nihil umquam bonos laudavit, quod ea nubere illi dubitabat timens privignum adulta aetate, pro certo creditur necato
3 filio vacuam domum scelestis nuptiis fecisse. quae quidem res mihi
4 in primis videtur causa fuisse facinus maturandi. namque animus inpurus, dis hominibusque infestus, neque vigiliis neque quietibus
5 sedari poterat: ita conscientia mentem excitam vastabat. igitur colos ei exsanguis, foedi oculi, citus modo, modo tardus incessus: prorsus in facie vultuque vecordia inerat.

16 1 Sed iuventutem, quam, ut supra diximus, illexerat, multis modis mala
2 facinora edocebat. ex illis testis signatoresque falsos commodare; fidem, fortunas, pericula vilia habere, post, ubi eorum famam atque
3 pudorem adtriverat, maiora alia imperabat. si causa peccandi in praesens minus subpetebat, nihilo minus insontis sicuti sontis circumvenire, iugulare: scilicet ne per otium torpescerent manus aut animus, gratuito potius malus atque crudelis erat.
4 His amicis sociisque confisus Catilina, simul quod aes alienum per omnis terras ingens erat et quod plerique Sullani milites, largius suo usi, rapinarum et victoriae veteris memores civile bellum exoptabant,
5 obprimundae rei publicae consilium cepit. in Italia nullus exercitus, Cn. Pompeius in extremis terris bellum gerebat; ipsi consulatum petenti magna spes, senatus nihil sane intentus: tutae tranquillaeque res omnes, sed ea prorsus opportuna Catilinae.

Igitur circiter Kalendas Iunias L. Caesare et C. Figulo consulibus primo singulos appellare; hortari alios, alios temptare; opes suas, inparatam rem publicam, magna praemia coniurationis docere. ubi satis explorata sunt, quae voluit, in unum omnis convocat, quibus maxuma necessitudo et plurumum audaciae inerat. eo convenere senatorii ordinis P. Lentulus Sura, P. Autronius, L. Cassius Longinus, C. Cethegus, P. et Ser. Sullae Ser. filii, L. Vargunteius, Q. Annius, M. Porcius Laeca, L. Bestia, Q. Curius; praeterea ex equestri ordine M. Fulvius Nobilior, L. Statilius, P. Gabinius Capito, C. Cornelius; ad hoc multi ex coloniis et municipiis domi nobiles. erant praeterea complures paulo occultius consili huiusce participes nobiles, quos magis dominationis spes hortabatur quam inopia aut alia necessitudo. ceterum iuventus pleraque, sed maxume nobilium, Catilinae inceptis favebat: quibus in otio vel magnifice vel molliter vivere copia erat, incerta pro certis, bellum quam pacem malebant. fuere item ea tempestate, qui crederent M. Licinium Crassum non ignarum eius consili fuisse; quia Cn. Pompeius, invisus ipsi, magnum exercitum ductabat, quoiusvis opes voluisse contra illius potentiam crescere, simul confisum, si coniuratio valuisset, facile apud illos principem se fore.

Sed antea item coniuravere pauci contra rem publicam, in quibus Catilina fuit. de qua, quam verissume potero, dicam. L. Tullo et M'. Lepido consulibus P. Autronius et P. Sulla designati consules legibus ambitus interrogati poenas dederant. post paulo Catilina pecuniarum repetundarum reus prohibitus erat consulatum petere, quod intra legitumos dies profiteri nequiverat. erat eodem tempore Cn. Piso, adulescens nobilis, summae audaciae, egens, factiosus, quem ad perturbandam rem publicam inopia atque mali mores stimulabant. cum hoc Catilina et Autronius circiter Nonas Decembris consilio communicato parabant in Capitolio Kalendis Ianuariis L. Cottam et L. Torquatum consules interficere, ipsi fascibus conreptis Pisonem cum exercitu ad obtinendas duas Hispanias mittere. ea re cognita rursus in Nonas Februarias consilium caedis transtulerant. iam tum non consulibus modo, sed plerisque senatoribus perniciem machinabantur. quod ni Catilina maturasset pro curia signum sociis dare, eo die post conditam urbem Romam pessumum facinus patratum foret. quia nondum frequentes armati convenerant, ea res consilium diremit. postea Piso in citeriorem Hispaniam quaestor pro praetore missus est adnitente Crasso, quod eum infestum inimicum Cn. Pompeio cognoverat. neque tamen senatus provinciam invitus dederat, quippe foedum hominem a re publica procul esse volebat, simul quia boni complures praesidium in eo putabant et iam tum potentia Pompei formidulosa erat. sed is Piso in provincia ab equitibus Hispanis, quos

4 in exercitu ductabat, iter faciens occisus est. sunt, qui ita dicant
5 imperia eius iniusta, superba, crudelia barbaros nequivisse pati; alii autem, equites illos, Cn. Pompei veteres fidosque clientis, voluntate eius Pisonem aggressos: numquam Hispanos praeterea tale facinus fecisse, sed imperia saeva multa antea perpessos. nos eam rem in
6 medio relinquemus. de superiore coniuratione satis dictum.

20 1 Catilina, ubi eos, quos paulo ante memoravi, convenisse videt, tametsi cum singulis multa saepe egerat, tamen in rem fore credens univorsos appellare et cohortari, in abditam partem aedium secedit atque ibi omnibus arbitris procul amotis orationem huiusce modi habuit:
2 'Ni virtus fidesque vostra spectata mihi forent, nequiquam opportuna res cecidisset; spes magna, dominatio in manibus frustra fuissent, neque ego per ignaviam aut vana ingenia incerta pro certis captarem.
3 sed quia multis et magnis tempestatibus vos cognovi fortis fidosque mihi, eo animus ausus est maxumum atque pulcherrumum facinus incipere, simul quia vobis eadem quae mihi bona malaque esse intellexi;
4 nam idem velle atque idem nolle, ea demum firma amicitia est.
5 Sed ego quae mente agitavi, omnes iam antea divorsi audistis. ce-
6 terum mihi in dies magis animus accenditur, quom considero, quae condicio vitae futura sit, nisi nosmet ipsi vindicamus in libertatem.
7 nam postquam res publica in paucorum potentium ius atque dicionem concessit, semper illis reges, tetrarchae vectigales esse, populi, nationes stipendia pendere; ceteri omnes, strenui, boni, nobiles atque ignobiles, volgus fuimus, sine gratia, sine auctoritate, iis obnoxii,
8 quibus, si res publica valeret, formidini essemus. itaque omnis gratia, potentia, honos, divitiae apud illos sunt aut ubi illi volunt; nobis
9 reliquere pericula, repulsas, iudicia, egestatem. quae quo usque tandem patiemini, o fortissumi viri? nonne emori per virtutem praestat quam vitam miseram atque inhonestam, ubi alienae superbiae ludi-
10 brio fueris, per dedecus amittere? verum enim vero, pro deum atque hominum fidem, victoria in manu nobis est, viget aetas, animus valet; contra illis annis atque divitiis omnia consenuerunt. tantummodo
11 incepto opus est, cetera res expediet. etenim quis mortalium, quoi virile ingenium est, tolerare potest illis divitias superare, quas profundant in exstruendo mari et montibus coaequandis, nobis rem familiarem etiam ad necessaria deesse? illos binas aut amplius domos
12 continuare, nobis larem familiarem nusquam ullum esse? quom tabulas, signa, toreumata emunt, nova diruunt, alia aedificant, postremo omnibus modis pecuniam trahunt, vexant, tamen summa lu-
13 bidine divitias suas vincere nequeunt. at nobis est domi inopia, foris

aes alienum, mala res, spes multo asperior: denique quid reliqui habemus praeter miseram animam? Quin igitur expergiscimini? en illa, illa, quam saepe optastis, libertas, praeterea divitiae, decus, gloria in oculis sita sunt; fortuna omnia ea victoribus praemia posuit. res, tempus, pericula, egestas, belli spolia magnifica magis quam oratio mea vos hortantur. vel imperatore vel milite me utimini: neque animus neque corpus a vobis aberit. haec ipsa, ut spero, vobiscum una consul agam, nisi forte me animus fallit et vos servire magis quam imperare parati estis.'

Postquam accepere ea homines, quibus mala abunde omnia erant, sed neque res neque spes bona ulla, tametsi illis quieta movere magna merces videbatur, tamen postulavere plerique, ut proponeret, quae condicio belli foret, quae praemia armis peterent, quid ubique opis aut spei haberent. tum Catilina polliceri tabulas novas, proscriptionem locupletium, magistratus, sacerdotia, rapinas, alia omnia, quae bellum atque lubido victorum fert; praeterea esse in Hispania citeriore Pisonem, in Mauretania cum exercitu P. Sittium Nucerinum, consili sui participes; petere consulatum C. Antonium, quem sibi collegam fore speraret, hominem et familiarem et omnibus necessitudinibus circumventum; cum eo se consulem initium agundi facturum. ad hoc maledictis increpabat omnis bonos, suorum unum quemque nominans laudare: admonebat alium egestatis, alium cupiditatis suae, compluris periculi aut ignominiae, multos victoriae Sullanae, quibus ea praedae fuerat. postquam omnium animos alacris videt, cohortatus, ut petitionem suam curae haberent, conventum dimisit.

Fuere ea tempestate, qui dicerent Catilinam oratione habita, quom ad ius iurandum popularis sceleris sui adigeret, humani corporis sanguinem vino permixtum in pateris circumtulisse: inde quom post exsecrationem omnes degustavissent, sicuti in sollemnibus sacris fieri consuevit, aperuisse consilium suom, atque eo ita fecisse, quo inter se fidi magis forent alius alii tanti facinoris conscii. nonnulli ficta et haec et multa praeterea existumabant ab iis, qui Ciceronis invidiam, quae postea orta est, leniri credebant atrocitate sceleris eorum, qui poenas dederant. nobis ea res pro magnitudine parum comperta est.

Sed in ea coniuratione fuit Q. Curius, natus haud obscuro loco, flagitiis atque facinoribus coopertus, quem censores senatu probri gratia moverant. huic homini non minor vanitas inerat quam audacia: neque reticere, quae audierat, neque suamet ipse scelera occultare, prorsus neque dicere neque facere quicquam pensi habebat. erat ei cum Fulvia, muliere nobili, stupri vetus consuetudo. quoi cum minus gratus esset, quia inopia minus largiri poterat, repente glorians maria montisque polliceri coepit et minari interdum ferro, ni sibi obnoxia foret, postremo ferocius agitare, quam solitus erat. at Fulvia

insolentiae Curi causa cognita tale periculum rei publicae haud occultum habuit, sed sublato auctore, de Catilinae coniuratione quae quoque modo audierat, compluribus narravit.
5 Ea res in primis studia hominum accendit ad consulatum mandan-
6 dum M. Tullio Ciceroni. namque antea pleraque nobilitas invidia aestuabat, et quasi pollui consulatum credebant, si eum quamvis egregius homo novos adeptus foret. sed ubi periculum advenit, invidia atque superbia post fuere. igitur comitiis habitis consules declarantur M. Tullius et C. Antonius. quod factum primo popularis

24 1

2 coniurationis concusserat. Neque tamen Catilinae furor minuebatur, sed in dies plura agitare: arma per Italiam locis opportunis parare, pecuniam sua aut amicorum fide sumptam mutuam Faesulas ad Manlium quendam portare, qui postea princeps fuit belli faciundi.
3 ea tempestate plurumos quoiusque generis homines adscivisse sibi dicitur, mulieres etiam aliquot, quae primo ingentis sumptus stupro corporis toleraverant, post, ubi aetas tantummodo quaestui neque
4 luxuriae modum fecerat, aes alienum grande conflaverant. per eas se Catilina credebat posse servitia urbana sollicitare, urbem incendere, viros earum vel adiungere sibi vel interficere.

25 1 Sed in iis erat Sempronia, quae multa saepe virilis audaciae facinora
2 conmiserat. haec mulier genere atque forma, praeterea viro, liberis satis fortunata fuit; litteris Graecis, Latinis docta, psallere, saltare elegantius quam necesse est probae, multa alia, quae instrumenta
3 luxuriae sunt. sed ei cariora semper omnia quam decus atque pudicitia fuit; pecuniae an famae minus parceret, haud facile discerneres;
4 lubido sic accensa, ut saepius peteret viros quam peteretur. sed ea saepe antehac fidem prodiderat, creditum abiuraverat, caedis conscia
5 fuerat: luxuria atque inopia praeceps abierat. verum ingenium eius haud absurdum: posse versus facere, iocum movere, sermone uti vel modesto vel molli vel procaci: prorsus multae facetiae multusque lepos inerat.

26 1 His rebus conparatis Catilina nihilo minus in proxumum annum consulatum petebat, sperans, si designatus foret, facile se ex voluntate Antonio usurum. neque interea quietus erat, sed omnibus modis in-
2 sidias parabat Ciceroni. neque illi tamen ad cavendum dolus aut
3 astutiae deerant. namque a principio consulatus sui multa pollicendo per Fulviam effecerat, ut Q. Curius, de quo paulo ante memoravi,
4 consilia Catilinae sibi proderet; ad hoc collegam suum Antonium pactione provinciae perpulerat, ne contra rem publicam sentiret; cir-
5 cum se praesidia amicorum atque clientium occulte habebat. postquam dies comitiorum venit et Catilinae neque petitio neque insidiae, quas consulibus in campo fecerat, prospere cessere, constituit bellum

facere et extrema omnia experiri, quoniam, quae occulte temptaverat, aspera foedaque evenerant.

Igitur C. Manlium Faesulas atque in eam partem Etruriae, Septimium quendam Camertem in agrum Picenum, C. Iulium in Apuliam dimisit, praeterea alium alio, quem ubique opportunum sibi fore credebat. interea Romae multa simul moliri: consulibus insidias tendere, parare incendia, opportuna loca armatis hominibus obsidere; ipse cum telo esse, item alios iubere, hortari, uti semper intenti paratique essent; dies noctisque festinare, vigilare, neque insomniis neque labore fatigari. Postremo, ubi multa agitanti nihil procedit, rursus intempesta nocte coniurationis principes convocat per M. Porcium Laecam, ibique multa de ignavia eorum questus docet se Manlium praemississe ad eam multitudinem, quam ad capiunda arma paraverat, item alios in alia loca opportuna, qui initium belli facerent, seque ad exercitum proficisci cupere, si prius Ciceronem oppressisset: eum consiliis multum officere. igitur perterritis ac dubitantibus ceteris C. Cornelius eques Romanus operam suam pollicitus et cum eo L. Vargunteius senator constituere ea nocte paulo post cum armatis hominibus sicuti salutatum introire ad Ciceronem ac de inproviso domi suae inparatum confodere. Curius, ubi intellegit, quantum periculum consuli inpendeat, propere per Fulviam Ciceroni dolum, qui parabatur, enuntiat. ita illi ianua prohibiti tantum facinus frustra susceperant. Interea Manlius in Etruria plebem sollicitare, egestate simul ac dolore iniuriae novarum rerum cupidam, quod Sullae dominatione agros bonaque omnia amiserat, praeterea latrones quoiusque generis, quorum in ea regione magna copia erat, nonnullos ex Sullanis coloniis, quibus lubido atque luxuria ex magnis rapinis nihil reliqui fecerant. Ea cum Ciceroni nuntiarentur, ancipiti malo permotus, quod neque urbem ab insidiis privato consilio longius tueri poterat neque, exercitus Manli quantus aut quo consilio foret, satis compertum habebat, rem ad senatum refert, iam antea vulgi rumoribus exagitatam. itaque, quod plerumque in atroci negotio solet, senatus decrevit, darent operam consules, ne quid res publica detrimenti caperet. ea potestas per senatum more Romano magistratui maxuma permittitur: exercitum parare, bellum gerere, coercere omnibus modis socios atque civis, domi militiaeque imperium atque iudicium summum habere; aliter sine populi iussu nullius earum rerum consuli ius est. Post paucos dies L. Saenius senator in senatu litteras recitavit, quas Faesulis adlatas sibi dicebat, in quibus scriptum erat C. Manlium arma cepisse cum magna multitudine ante diem VI. Kalendas Novembris. simul, id quod in tali re solet, alii portenta atque prodigia nuntiabant, alii conventus fieri, arma portari, Capuae atque in Apulia

3 servile bellum moveri. igitur senati decreto Q. Marcius Rex Faesulas,
4 Q. Metellus Creticus in Apuliam circumque ea loca missi – hi utrique ad urbem imperatores erant, impediti, ne triumpharent, calumnia paucorum, quibus omnia honesta atque inhonesta vendere mos erat
5 –, sed praetores Q. Pompeius Rufus Capuam, Q. Metellus Celer in agrum Picenum, iisque permissum, uti pro tempore atque periculo
6 exercitum conpararent. ad hoc, si quis indicavisset de coniuratione, quae contra rem publicam facta erat, praemium servo libertatem et
7 sestertia centum, libero inpunitatem eius rei et sestertia ducenta, itemque decrevere, uti gladiatoriae familiae Capuam et in cetera municipia distribuerentur pro quoiusque opibus, Romae per totam urbem vigiliae haberentur iisque minores magistratus praeessent.

31 1 Quis rebus permota civitas atque inmutata urbis facies erat. ex summa laetitia atque lascivia, quae diuturna quies pepererat, repente
2 omnis tristitia invasit: festinare, trepidare, neque loco neque homini quoiquam satis credere, neque bellum gerere neque pacem habere,
3 suo quisque metu pericula metiri. ad hoc mulieres, quibus rei publicae magnitudine belli timor insolitus incesserat, adflictare sese, manus supplices ad caelum tendere, miserari parvos liberos, rogitare omnia, omni rumore pavere, adripere omnia, superbia atque deliciis omissis sibi patriaeque diffidere.
4 At Catilinae crudelis animus eadem illa movebat, tametsi praesidia
5 parabantur et ipse lege Plautia interrogatus erat ab L. Paulo. postremo dissimulandi causa aut sui expurgandi, sicut iurgio lacessitus
6 foret, in senatum venit. tum M. Tullius consul, sive praesentiam eius timens sive ira conmotus, orationem habuit luculentam atque utilem
7 rei publicae, quam postea scriptam edidit. sed ubi ille adsedit, Catilina, ut erat paratus ad dissimulanda omnia, demisso voltu, voce supplici postulare a patribus coepit, ne quid de se temere crederent: ea familia ortum, ita se ab adulescentia vitam instituisse, ut omnia bona in spe haberet; ne existumarent sibi, patricio homini, quoius ipsius atque maiorum pluruma beneficia in plebem Romanam essent, perdita re publica opus esse, quom eam servaret M. Tullius, inqui-
8 linus civis urbis Romae. ad hoc maledicta alia quom adderet, ob-
9 strepere omnes, hostem atque parricidam vocare. tum ille furibundus 'quoniam quidem circumventus' inquit 'ab inimicis praeceps agor,
32 1 incendium meum ruina restinguam.' deinde se ex curia domum proripuit. ibi multa ipse secum volvens, quod neque insidiae consuli procedebant et ab incendio intellegebat urbem vigiliis munitam, optumum factu credens exercitum augere ac, prius quam legiones scriberentur, multa antecapere, quae bello usui forent, nocte intempesta
2 cum paucis in Manliana castra profectus est. sed Cethego atque Lentulo ceterisque, quorum cognoverat promptam audaciam, mandat,

quibus rebus possent, opes factionis confirment, insidias consuli maturent, caedem, incendia aliaque belli facinora parent: sese propediem cum magno exercitu ad urbem accessurum.
Dum haec Romae geruntur, C. Manlius ex suo numero legatos ad Marcium Regem mittit cum mandatis huiusce modi:
'Deos hominesque testamur, imperator, nos arma neque contra patriam cepisse neque quo periculum aliis faceremus, sed uti corpora nostra ab iniuria tuta forent, qui miseri, egentes violentia atque crudelitate faeneratorum plerique patria, sed omnes fama atque fortunis expertes sumus. neque quoiquam nostrum licuit more maiorum lege uti neque amisso patrimonio liberum corpus habere: tanta saevitia faeneratorum atque praetoris fuit. saepe maiores vostrum, miseriti plebis Romanae, decretis suis inopiae eius opitulati sunt, ac novissume memoria nostra propter magnitudinem aeris alieni volentibus omnibus bonis argentum aere solutum est. saepe ipsa plebs, aut dominandi studio permota aut superbia magistratuum, armata a patribus secessit. at nos non imperium neque divitias petimus, quarum rerum causa bella atque certamina omnia inter mortalis sunt, sed libertatem, quam nemo bonos nisi cum anima simul amittit. te atque senatum obtestamur, consulatis miseris civibus, legis praesidium, quod iniquitas praetoris eripuit, restituatis neve nobis eam necessitudinem inponatis, ut quaeramus, quonam modo maxume ulti sanguinem nostrum pereamus.'
Ad haec Q. Marcius respondit, si quid ab senatu petere vellent, ab armis discedant, Romam supplices proficiscantur; ea mansuetudine atque misericordia senatum populi Romani semper fuisse, ut nemo umquam ab eo frustra auxilium petiverit.
At Catilina ex itinere plerisque consularibus, praeterea optumo quoique litteras mittit: se falsis criminibus circumventum, quoniam factioni inimicorum resistere nequiverit, fortunae cedere, Massiliam in exsilium proficisci, non quo sibi tanti sceleris conscius esset, sed uti res publica quieta foret neve ex sua contentione seditio oreretur. ab his longe divorsas litteras Q. Catulus in senatu recitavit, quas sibi nomine Catilinae redditas dicebat. earum exemplum infra scriptum est.
'L. Catilina Q. Catulo. Egregia tua fides re cognita grata mihi magnis in meis periculis, fiduciam commendationi meae tribuit. quam ob rem defensionem in novo consilio non statui parare: satisfactionem ex nulla conscientia de culpa proponere decrevi, quam, me dius fidius, veram licet cognoscas. iniuriis contumeliisque concitatus, quod fructu laboris industriaeque meae privatus statum dignitatis non obtinebam, publicam miserorum causam pro mea consuetudine suscepi, non quin aes alienum meis nominibus ex possessionibus solvere non possem –

et alienis nominibus liberalitas Orestillae suis filiaeque copiis persolveret –, sed quod non dignos homines honore honestatos videbam
4 meque falsa suspicione alienatum esse sentiebam. hoc nomine satis honestas pro meo casu spes reliquae dignitatis conservandae sum
5 secutus. plura quom scribere vellem, nuntiatum est vim mihi parari.
6 nunc Orestillam conmendo tuaeque fidei trado; eam ab iniuria defendas, per liberos tuos rogatus. haveto.'
36 1 Sed ipse paucos dies conmoratus apud C. Flaminium in agro Arretino, dum vicinitatem antea sollicitatam armis exornat, cum fascibus
2 atque aliis imperi insignibus in castra ad Manlium contendit. haec ubi Romae comperta sunt, senatus Catilinam et Manlium hostis iudicat, ceterae multitudini diem statuit, ante quam sine fraude liceret
3 ab armis discedere, praeter rerum capitalium condemnatis. praeterea decernit, uti consules dilectum habeant, Antonius cum exercitu Catilinam persequi maturet, Cicero urbi praesidio sit.

4 Ea tempestate mihi imperium populi Romani multo maxume miserabile visum est. quoi quom ad occasum ab ortu solis omnia domit armis parerent, domi otium atque divitiae, quae prima mortales putant, adfluerent, fuere tamen cives, qui seque remque publicam ob-
5 stinatis animis perditum irent. namque duobus senati decretis ex tanta multitudine neque praemio inductus coniurationem patefecerat neque ex castris Catilinae quisquam omnium discesserat: tanta vis morbi atque uti tabes plerosque civium animos invaserat.
37 1 Neque solum illis aliena mens erat, qui conscii coniurationis fuerant, sed omnino cuncta plebes novarum rerum studio Catilinae incepta
2, 3 probabat. id adeo more suo videbatur facere. nam semper in civitate, quibus opes nullae sunt, bonis invident, malos extollunt, vetera odere, nova exoptant, odio suarum rerum mutari omnia student, turba atque seditionibus sine cura aluntur, quoniam egestas facile habetur
4 sine damno. sed urbana plebes, ea vero praeceps erat de multis causis.
5 primum omnium, qui ubique probro atque petulantia maxume praestabant, item alii per dedecora patrimoniis amissis, postremo omnes, quos flagitium aut facinus domo expulerat, ii Romam sicut in sen-
6 tinam confluxerant. deinde multi memores Sullanae victoriae, quod ex gregariis militibus alios senatores videbant, alios ita divites, ut regio victu atque cultu aetatem agerent, sibi quisque, si in armis foret,
7 ex victoria talia sperabat. praeterea iuventus, quae in agris manuum mercede inopiam toleraverat, privatis atque publicis largitionibus ex-
8 cita urbanum otium ingrato labori praetulerat. eos atque alios omnis malum publicum alebat. quo minus mirandum est homines egentis, malis moribus, maxuma spe, rei publicae iuxta ac sibi consuluisse. praeterea, quorum victoria Sullae parentes proscripti, bona erepta,

ius libertatis inminutum erat, haud sane alio animo belli eventum expectabant. ad hoc, quicumque aliarum atque senatus partium erant, conturbari rem publicam quam minus valere ipsi malebant. Id adeo malum multos post annos in civitatem revorterat. nam postquam Cn. Pompeio et M. Crasso consulibus tribunicia potestas restituta est, homines adulescentes summam potestatem nacti, quibus aetas animusque ferox erat, coepere senatum criminando plebem exagitare, dein largiundo atque pollicitando magis incendere, ita ipsi clari potentesque fieri. contra eos summa ope nitebatur pleraque nobilitas senatus specie pro sua magnitudine. namque, uti paucis verum absolvam, post illa tempora quicumque rem publicam agitavere, honestis nominibus, alii, sicuti populi iura defenderent, pars, quo senatus auctoritas maxuma foret, bonum publicum simulantes pro sua quisque potentia certabant. neque illis modestia neque modus contentionis erat: utrique victoriam crudeliter exercebant. sed postquam Cn. Pompeius ad bellum maritumum atque Mithridaticum missus est, plebis opes inminutae, paucorum potentia crevit. ii magistratus, provincias aliaque omnia tenere; ipsi innoxii, florentes, sine metu aetatem agere ceterosque iudiciis terrere, quo plebem in magistratu placidius tractarent. sed ubi primum dubiis rebus novandi spes oblata est, vetus certamen animos eorum adrexit.

Quod si primo proelio Catilina superior aut aequa manu discessisset, profecto magna clades atque calamitas rem publicam oppressisset, neque illis, qui victoriam adepti forent, diutius ea uti licuisset, quin defessis et exsanguibus, qui plus posset, imperium atque libertatem extorqueret. fuere tamen extra coniurationem complures, qui ad Catilinam initio profecti sunt. in iis erat Fulvius, senatoris filius, quem retractum ex itinere parens necari iussit.

Isdem temporibus Romae Lentulus, sicuti Catilina praeceperat, quoscumque moribus aut fortuna novis rebus idoneos credebat, aut per se aut per alios sollicitabat, neque solum civis, sed quoiusque modi genus hominum, quod modo bello usui foret. igitur P. Umbreno quoidam negotium dat, uti legatos Allobrogum requirat eosque, si possit, inpellat ad societatem belli, existumans publice privatimque aere alieno obpressos, praeterea quod natura gens Gallica bellicosa esset, facile eos ad tale consilium adduci posse. Umbrenus, quod in Gallia negotiatus erat, plerisque principibus civitatum notus erat atque eos noverat. itaque sine mora, ubi primum legatos in foro conspexit, percontatus pauca de statu civitatis et quasi dolens eius casum requirere coepit, quem exitum tantis malis sperarent. postquam illos videt queri de avaritia magistratuum, accusare senatum, quod in eo auxili nihil esset, miseriis suis remedium mortem exspectare, 'ad ego'

inquit 'vobis, si modo viri esse vultis, rationem ostendam, qua tanta
4 ista mala effugiatis'. haec ubi dixit, Allobroges in maxumam spem
adducti Umbrenum orare, ut sui misereretur: nihil tam asperum neque tam difficile esse, quod non cupidissume facturi essent, dum ea
5 res civitatem aere alieno liberaret. ille eos in domum D. Bruti perducit, quod foro propinqua erat neque aliena consili propter Sem-
6 proniam; nam tum Brutus ab Roma aberat. praeterea Gabinium arcessit, quo maior auctoritas sermoni inesset. eo praesente coniurationem aperit, nominat socios, praeterea multos quoiusque generis innoxios, quo legatis animus amplior esset. deinde eos pollicitos ope-
41 1 ram suam domum dimittit. sed Allobroges diu in incerto habuere,
2 quidnam consili caperent. in altera parte erat aes alienum, studium belli, magna merces in spe victoriae, at in altera maiores opes, tuta
3 consilia, pro incerta spe certa praemia. haec illis volventibus tandem
4 vicit fortuna rei publicae. itaque Q. Fabio Sangae, quoius patrocinio civitas plurumum utebatur, rem omnem, uti cognoverant, aperiunt.
5 Cicero per Sangam consilio cognito legatis praecipit, ut studium coniurationis vehementer simulent, ceteros adeant, bene polliceantur dentque operam, uti eos quam maxume manufestos habeant.
42 1 Isdem fere temporibus in Gallia citeriore atque ulteriore, item in agro Piceno, Bruttio, Apulia motus erat. namque illi, quos ante Catilina dimiserat, inconsulte ac veluti per dementiam cuncta simul agebant.
2 nocturnis consiliis, armorum atque telorum portationibus, festi-
3 nando, agitando omnia plus timoris quam periculi effecerant. ex eo numero compluris Q. Metellus Celer praetor ex senatus consulto causa cognita in vincula coniecerat, item in citeriore Gallia C. Murena, qui ei provinciae legatus praeerat.
43 1 At Romae Lentulus cum ceteris, qui principes coniurationis erant, paratis, ut videbatur, magnis copiis constituerant, uti, cum Catilina in agrum Aefulanum cum exercitu venisset, L. Bestia tribunus plebis contione habita quereretur de actionibus Ciceronis bellique gravissumi invidiam optumo consuli inponeret: eo signo proxuma nocte cetera multitudo coniurationis suum quisque negotium exsequeretur.
2 sed ea divisa hoc modo dicebantur: Statilius et Gabinius uti cum magna manu duodecim simul opportuna loca urbis incenderent, quo tumultu facilior aditus ad consulem ceterosque, quibus insidiae parabantur, fieret; Cethegus Ciceronis ianuam obsideret eumque vi adgrederetur; alius autem alium, sed filii familiarum, quorum ex nobilitate maxuma pars erat, parentis interficerent; simul caede et in-
3 cendio perculsis omnibus ad Catilinam erumperent. inter haec parata atque decreta Cethegus semper querebatur de ignavia sociorum: illos dubitando et dies prolatando magnas opportunitates corrumpere; facto, non consulto in tali periculo opus esse, seque, si pauci adiu-

varent, languentibus aliis impetum in curiam facturum. natura ferox, 4
vehemens, manu promptus erat, maxumum bonum in celeritate putabat.
Sed Allobroges ex praecepto Ciceronis per Gabinium ceteros con- 1 **44**
veniunt, ab Lentulo, Cethego, Statilio, item Cassio postulant ius
iurandum, quod signatum ad civis perferant: aliter haud facile eos
ad tantum negotium inpelli posse. ceteri nihil suspicantes dant, Cas- 2
sius semet eo brevi venturum pollicetur ac paulo ante legatos ex urbe
proficiscitur. Lentulus cum iis T. Volturcium quendam Crotoniensem 3
mittit, ut Allobroges, prius quam domum pergerent, cum Catilina
data atque accepta fide societatem confirmarent. ipse Volturcio lit- 4
teras ad Catilinam dat, quarum exemplum infra scriptum est:
'Qui sim, ex eo, quem ad te misi, cognosces. fac cogites, in quanta 5
calamitate sis, et memineris te virum esse. consideres, quid tuae rationes postulent. auxilium petas ab omnibus, etiam ab infumis.'
Ad hoc mandata verbis dat: quom ab senatu hostis iudicatus sit, quo 6
consilio servitia repudiet? in urbe parata esse, quae iusserit. ne cunctetur ipse propius adcedere.
His rebus ita actis constituta nocte, qua proficiscerentur, Cicero per 1 **45**
legatos cuncta edoctus L. Valerio Flacco et C. Pomptino praetoribus
imperat, ut in ponte Mulvio per insidias Allobrogum comitatus deprehendant. rem omnem aperit, quoius gratia mittebantur; cetera,
uti facto opus sit, ita agant, permittit. illi, homines militares, sine 2
tumultu praesidiis conlocatis, sicuti praeceptum erat, occulte pontem
obsidunt. postquam ad id loci legati cum Volturcio venerunt et simul 3
utrimque clamor exortus est, Galli cito cognito consilio sine mora
praetoribus se tradunt, Volturcius primo cohortatus ceteros gladio 4
se a multitudine defendit, deinde, ubi a legatis desertus est, multa
prius de salute sua Pomptinum obtestatus, quod ei notus erat, postremo timidus ac vitae diffidens velut hostibus sese praetoribus dedit.
Quibus rebus confectis omnia propere per nuntios consuli declaran- 1 **46**
tur. at illum ingens cura atque laetitia simul occupavere. nam lae- 2
tabatur intellegens coniuratione patefacta civitatem periculis ereptam
esse; porro autem anxius erat dubitans, in maxumo scelere tantis
civibus deprehensis quid facto opus esset: poenam illorum sibi oneri,
inpunitatem perdundae rei publicae fore credebat. igitur confirmato 3
animo vocari ad sese iubet Lentulum, Cethegum, Statilium, Gabinium itemque Caeparium Terracinensem, qui in Apuliam ad concitanda servitia proficisci parabat. ceteri sine mora veniunt; Caeparius 4
paulo ante domo egressus cognito indicio ex urbe profugerat. consul 5
Lentulum, quod praetor erat, ipse manu tenens in senatum perducit,
reliquos cum custodibus in aedem Concordiae venire iubet. eo se- 6
natum advocat magnaque frequentia eius ordinis Volturcium cum

23

47 1 legatis introducit, Flaccum praetorem scrinium cum litteris, quas a legatis acceperat, eodem adferre iubet. Volturcius interrogatus de itinere, de litteris, postremo quid aut qua de causa consili habuisset, primo fingere alia, dissimulare de coniuratione; post, ubi fide publica dicere iussus est, omnia, uti gesta erant, aperit docetque se paucis ante diebus a Gabinio et Caepario socium adscitum nihil amplius scire quam legatos, tantummodo audire solitum ex Gabinio P. Autronium, Servium Sullam, L. Vargunteium, multos praeterea in ea 2 coniuratione esse. eadem Galli fatentur ac Lentulum dissimulantem coarguunt praeter litteras sermonibus, quos ille habere solitus erat: ex libris Sibyllinis regnum Romae tribus Corneliis portendi; Cinnam atque Sullam antea, se tertium esse, quoi fatum foret urbis potiri; praeterea ab incenso Capitolio illum esse vigesumum annum, quem saepe ex prodigiis haruspices respondissent bello civili cruentum fore.
3 igitur perlectis litteris, cum prius omnes signa sua cognovissent, senatus decernit, uti abdicato magistratu Lentulus itemque ceteri in 4 liberis custodiis habeantur. itaque Lentulus P. Lentulo Spintheri, qui tum aedilis erat, Cethegus Q. Cornificio, Statilius C. Caesari, Gabinius, M. Crasso, Caeparius – nam is paulo ante ex fuga retractus erat – Cn. Terentio senatori traduntur.

48 1 Interea plebs coniuratione patefacta, quae primo cupida rerum novarum nimis bello favebat, mutata mente Catilinae consilia exsecrari, Ciceronem ad caelum tollere: veluti ex servitute erepta gaudium atque 2 laetitiam agitabat. namque alia belli facinora praedae magis quam detrimento fore, incendium vero crudele, inmoderatum ac sibi maxume calamitosum putabat, quippe quoi omnes copiae in usu cottidiano et cultu corporis erant.
3 Post eum diem quidam L. Tarquinius ad senatum adductus erat, 4 quem ad Catilinam proficiscentem ex itinere retractum aiebant. is, cum se diceret indicaturum de coniuratione, si fides publica data esset, iussus a consule, quae sciret, edicere, eadem fere quae Volturcius de paratis incendiis, de caede bonorum, de itinere hostium senatum docet: praeterea se missum a M. Crasso, qui Catilinae nuntiaret, ne eum Lentulus et Cethegus aliique ex coniuratione deprehensi terrerent, eoque magis properaret ad urbem adcedere, quo et 5 ceterorum animos reficeret et illi facilius e periculo eriperentur. sed ubi Tarquinius Crassum nominavit, hominem nobilem, maxumis divitiis, summa potentia, alii rem incredibilem rati, pars, tametsi verum existumabant, tamen quia in tali tempore tanta vis hominis magis leniunda quam exagitanda videbatur, plerique Crasso ex negotiis privatis obnoxii, conclamant indicem falsum esse, deque ea re po6 stulant, uti referatur. itaque consulente Cicerone frequens senatus decernit Tarquini indicium falsum videri eumque in vinculis retinen-

dum neque amplius potestatem faciundam, nisi de eo indicaret, quoius consilio tantam rem esset mentitus. erant eo tempore, qui 7 existumarent indicium illud a P. Autronio machinatum, quo facilius adpellato Crasso per societatem periculi reliquos illius potentia tegeret. alii Tarquinium a Cicerone inmissum aiebant, ne Crassus more 8 suo suscepto malorum patrocinio rem publicam conturbaret. ipsum 9 Crassum ego postea praedicantem audivi tantam illam contumeliam sibi ab Cicerone inpositam.

Sed isdem temporibus Q. Catulus et C. Piso neque pretio neque gratia 1 **49** Ciceronem inpellere potuere, uti per Allobroges aut alium indicem C. Caesar falso nominaretur. nam uterque cum illo gravis inimicitias 2 exercebat: Piso oppugnatus in iudicio pecuniarum repetundarum propter quoiusdam Transpadani supplicium iniustum, Catulus ex petitione pontificatus odio incensus, quod extrema aetate, maxumis honoribus usus, ab adulescentulo Caesare victus discesserat. res au- 3 tem opportuna videbatur, quod is privatim egregia liberalitate, publice maxumis muneribus grandem pecuniam debebat. sed ubi con- 4 sulem ad tantum facinus inpellere nequeunt, ipsi singillatim circumeundo atque ementiundo, quae se ex Volturcio aut Allobrogibus audisse dicerent, magnam illi invidiam conflaverant, usque eo, ut nonnulli equites Romani, qui praesidi causa cum telis erant circum aedem Concordiae, seu periculi magnitudine seu animi mobilitate inpulsi, quo studium suum in rem publicam clarius esset, egredienti ex senatu Caesari gladio minitarentur.

Dum haec in senatu aguntur et dum legatis Allobrogum et T. Vol- 1 **50** turcio, conprobato eorum indicio, praemia decernuntur, liberti et pauci ex clientibus Lentuli divorsis itineribus opifices atque servitia in vicis ad eum eripiundum sollicitabant, partim exquirebant duces multitudinum, qui pretio rem publicam vexare soliti erant. Cethegus 2 autem per nuntios familiam atque libertos suos, lectos et exercitatos, orabat, ut grege facto cum telis ad sese inrumperent.

Consul, ubi ea parari cognovit, dispositis praesidiis, ut res atque 3 tempus monebat, convocato senatu refert, quid de iis fieri placeat, qui in custodiam traditi erant. sed eos paulo ante frequens senatus iudicaverat contra rem publicam fecisse. tum D. Iunius Silanus pri- 4 mus sententiam rogatus, quod eo tempore consul designatus erat, de iis, qui in custodiis tenebantur, et praeterea de L. Cassio, P. Furio, P. Umbreno, Q. Annio, si deprehensi forent, supplicium sumundum decreverat; isque postea permotus oratione C. Caesaris pedibus in sententiam Ti. Neronis iturum se dixit, quod de ea re praesidiis additis referundum censuerat. sed Caesar, ubi ad eum ventum est, ro- 5 gatus sententiam a consule huiusce modi verba locutus est:

51 1 'Omnis homines, patres conscripti, qui de rebus dubiis consultant, 2 ab odio, amicitia, ira atque misericordia vacuos esse decet. haud facile animus verum providet, ubi illa officiunt, neque quisquam omnium lubidini simul et usui paruit. ubi intenderis ingenium, valet; si lubido possidet, ea dominatur, animus nihil valet. magna mihi copia est memorandi, patres conscripti, quae reges atque populi ira aut misericordia inpulsi male consuluerint. sed ea malo dicere, quae maiores nostri contra lubidinem animi sui recte atque ordine fecere. bello Macedonico, quod cum rege Perse gessimus, Rhodiorum civitas magna atque magnifica, quae populi Romani opibus creverat, infida et advorsa nobis fuit. sed postquam bello confecto de Rhodiis consultum est, maiores nostri, ne quis divitiarum magis quam iniuriae 6 causa bellum inceptum diceret, inpunitos eos dimisere. item bellis Punicis omnibus, cum saepe Carthaginienses et in pace et per indutias multa nefaria facinora fecissent, numquam ipsi per occasionem talia fecere: magis, quid se dignum foret, quam, quid in illos iure fieri 7 posset, quaerebant. hoc item vobis providendum est, patres conscripti, ne plus apud vos valeat P. Lentuli et ceterorum scelus quam 8 vostra dignitas, neu magis irae vostrae quam famae consulatis. nam si digna poena pro factis eorum reperitur, novom consilium adprobo; sin magnitudo sceleris omnium ingenia exsuperat, his utendum censeo, quae legibus conparata sunt.

9 Plerique eorum, qui ante me sententias dixerunt, conposite atque magnifice casum rei publicae miserati sunt. quae belli saevitia esset, quae victis acciderent, enumeravere: rapi virgines, pueros; divelli liberos a parentum conplexu; matres familiarum pati, quae victoribus conlubuissent; fana atque domos spoliari; caedem, incendia fieri; 10 postremo armis, cadaveribus, cruore atque luctu omnia conpleri. sed, per deos inmortalis, quo illa oratio pertinuit? an uti vos infestos coniurationi faceret? scilicet, quem res tanta et tam atrox non per11 movit, eum oratio adcendet. non ita est, neque quoiquam mortalium 12 iniuriae suae parvae videntur, multi eas gravius aequo habuere. sed alia aliis licentia est, patres conscripti. qui demissi in obscuro vitam habent, si quid iracundia deliquere, pauci sciunt, fama atque fortuna eorum pares sunt; qui magno imperio praediti in excelso aetatem 13 agunt, eorum facta cuncti mortales novere. ita in maxuma fortuna minuma licentia est; neque studere neque odisse, sed minume irasci 14 decet; quae apud alios iracundia dicitur, ea in imperio superbia atque 15 crudelitas appellatur. equidem ego sic existumo, patres conscripti, omnis cruciatus minores quam facinora illorum esse. sed plerique mortales postrema meminere et in hominibus inpiis sceleris eorum obliti de poena disserunt, si ea paulo severior fuit.

D. Silanum, virum fortem atque strenuom, certo scio, quae dixerit, studio rei publicae dixisse, neque illum in tanta re gratiam aut inimicitas exercere: eos mores eamque modestiam viri cognovi. verum sententia eius mihi non crudelis – quid enim in talis homines crudele fieri potest? –, sed aliena a re publica nostra videtur. nam profecto aut metus aut iniuria te subegit, Silane, consulem designatum genus poenae novom decernere. de timore supervacuaneum est disserere, cum praesertim diligentia clarissumi viri consulis tanta praesidia sint in armis. de poena possum equidem dicere, id quod res habet, in luctu atque miseriis mortem aerumnarum requiem, non cruciatum esse; eam cuncta mortalium mala dissolvere; ultra neque curae neque gaudio locum esse. sed, per deos inmortalis, quam ob rem in sententiam non addidisti, uti prius verberibus in eos animadvorteretur? an quia lux Porcia vetat? at aliae leges item condemnatis civibus non animam eripi, sed exsilium permitti iubent. an quia gravius est verberari quam necari? quid autem acerbum aut nimis grave est in homines tanti facinoris convictos? sin quia levius est, qui convenit in minore negotio legem timere, cum eam in maiore neglexeris?

At enim quis reprehendet, quod in parricidas rei publicae decretum erit? tempus, dies, fortuna, quoius lubido gentibus moderatur. illis merito adcidet, quicquid evenerit; ceterum vos, patres conscripti, quid in alios statuatis, considerate. omnia mala exempla ex rebus bonis orta sunt. sed ubi imperium ad ignaros eius aut minus bonos pervenit, novum illud exemplum ab dignis et idoneis ad indignos et non idoneos transfertur. Lacedaemonii devictis Atheniensibus triginta viros inposuere, qui rem publicam eorum tractarent. ii primo coepere pessumum quemque et omnibus invisum indemnatum necare: ea populus laetari et merito dicere fieri. post, ubi paulatim licentia crevit, iuxta bonos et malos lubidinose interficere, ceteros metu terrere: ita civitas servitute oppressa stultae laetitiae gravis poenas dedit. nostra memoria victor Sulla cum Damasippum et alios eius modi, qui malo rei publicae creverant, iugulari iussit, quis non factum eius laudabat? homines scelestos et factiosos, qui seditionibus rem publicam exagitaverant, merito necatos aiebant. sed ea res magnae initium cladis fuit. nam uti quisque domum aut villam, postremo vas aut vestimentum aliquoius concupiverat, dabat operam, uti is in proscriptorum numero esset. ita illi, quibus Damasippi mors laetitiae fuerat, paulo post ipsi trahebantur, neque prius finis iugulandi fuit, quam Sulla omnis suos divitiis explevit. atque ego haec non in M. Tullio neque his temporibus vereor, sed in magna civitate multa et varia ingenia sunt. potest alio tempore, alio consule, cui item exercitus in manu sit, falsum aliquid pro vero credi. ubi hoc exemplo per

senatus decretum consul gladium eduxerit, quis illi finem statuet aut quis moderabitur?
37 Maiores nostri, patres conscripti, neque consili neque audaciae umquam eguere; neque illis superbia obstabat, quo minus aliena insti-
38 tuta, si modo proba erant, imitarentur. arma atque tela militaria ab Samnitibus, insignia magistratuum ab Tuscis pleraque sumpserunt. postremo, quod ubique apud socios aut hostis idoneum videbatur, cum summo studio domi exsequebantur: imitari quam invidere bonis
39 malebant. sed eodem illo tempore Graeciae morem imitati verberibus animadvortebant in civis, de condemnatis summum supplicium su-
40 mebant. postquam res publica adolevit et multitudine civium factiones valuere, circumveniri innocentes, alia huiusque modi fieri coepere, tum lex Porcia aliaeque leges paratae sunt, quibus legibus exsilium
41 damnatis permissum est. ego hanc causam, patres conscripti, quo
42 minus novom consilium capiamus, in primis magnam puto. profecto virtus atque sapientia maior illis fuit, qui ex parvis opibus tantum imperium fecere, quam in nobis, qui ea bene parta vix retinemus.
43 Placet igitur eos dimitti et augeri exercitum Catilinae? minume. sed ita censeo: publicandas eorum pecunias, ipsos in vinculis habendos per municipia, quae maxume opibus valent; neu quis de iis postea ad senatum referat neve cum populo agat; qui aliter fecerit, senatum existumare eum contra rem publicam et salutem omnium facturum.'
52 1 Postquam Caesar dicundi finem fecit, ceteri verbo alius alii varie adsentiebantur. at M. Porcius Cato rogatus sententiam huiusce modi orationem habuit:
2 'Longe alia mihi mens est, patres conscripti, quom res atque pericula nostra considero, et quom sententias nonnullorum ipse mecum re-
3 puto. illi mihi disseruisse videntur de poena eorum, qui patria, parentibus, aris atque focis suis bellum paravere; res autem monet ca-
4 vere ab illis magis quam, quid in illos statuamus, consultare. nam cetera maleficia tum persequare, ubi facta sunt; hoc, nisi provideris, ne accidat, ubi evenit, frustra iudicia inplores: capta urbe nihil fit reliqui victis.
5 Sed, per deos inmortalis, vos ego appello, qui semper domos, villas, signa, tabulas vostras pluris quam rem publicam fecistis: si ista, quoiuscumque modi sunt, quae amplexamini, retinere, si voluptatibus vostris otium praebere vultis, expergiscimini aliquando et capessite
6 rem publicam. non agitur de vectigalibus neque de sociorum iniuriis:
7 libertas et anima nostra in dubio est. saepenumero, patres conscripti, multa verba in hoc ordine feci, saepe de luxuria atque avaritia nostrorum civium questus sum, multosque mortalis ea causa advorsos
8 habeo. qui mihi atque animo meo nullius umquam delicti gratiam
9 fecissem, haud facile alterius lubidini male facta condonabam. sed

ea tametsi vos parvi pendebatis, tamen res publica firma erat, opulentia neglegentiam tolerabat. nunc vero non id agitur, bonisne an 10 malis moribus vivamus, neque quantum aut quam magnificum imperium populi Romani sit, sed haec, quoiuscumque modi videntur, nostra an nobiscum una hostium futura sint.
Hic mihi quisquam mansuetudinem et misericordiam nominat. iam 11 pridem equidem nos vera vocabula rerum amisimus: quia bona aliena largiri liberalitas, malarum rerum audacia fortitudo vocatur, eo res publica in extremo sita est. sint sane, quoniam ita se mores habent, 12 liberales ex sociorum fortunis, sint misericordes in furibus aerari: ne illi sanguinem nostrum largiantur et, dum paucis sceleratis parcunt, bonos omnis perditum eant.
Bene et conposite C. Caesar paulo ante in hoc ordine de vita et morte 13 disseruit, credo falsa existumans ea, quae de inferis memorantur: divorso itinere malos a bonis loca taetra, inculta, foeda atque formidulosa habere. itaque censuit pecunias eorum publicandas, ipsos 14 per municipia in custodiis habendos, videlicet timens, ne, si Romae sint, aut a popularibus coniurationis aut a multitudine conducta per vim eripiantur; quasi vero mali atque scelesti tantummodo in urbe 15 et non per totam Italiam sint, aut non ibi plus possit audacia, ubi ad defendundum opes minores sunt. qua re vanum equidem hoc 16 consilium est, si periculum ex illis metuit; si in tanto omnium metu solus non timet, eo magis refert me mihi atque vobis timere. qua re, 17 cum de P. Lentulo ceterisque statuetis, pro certo habetote vos simul de exercitu Catilinae et de omnibus coniuratis decernere. quanto vos 18 adtentius ea agetis, tanto illis animus infirmior erit; si paulum modo vos languere viderint, iam omnes feroces aderunt.
Nolite existumare maiores nostros armis rem publicam ex parva mag- 19 nam fecisse. si ita esset, multo pulcherrumam eam nos haberemus: 20 quippe sociorum atque civium, praeterea armorum atque equorum maior copia nobis quam illis est. sed alia fuere, qua illos magnos 21 fecere, quae nobis nulla sunt: domi industria, foris iustum imperium, animus in consulundo liber, neque delicto neque lubidini obnoxius. pro his nos habemus luxuriam atque avaritiam, publice egestatem, 22 privatim opulentiam. laudamus divitias, sequimur inertiam. inter bonos et malos discrimen nullum, omnia virtutis praemia ambitio possidet. neque mirum: ubi vos separatim sibi quisque consilium capitis, 23 ubi domi voluptatibus, hic pecuniae aut gratiae servitis, eo fit, ut impetus fiat in vacuam rem publicam.
Sed ego haec omitto. coniuravere nobilissumi cives patriam incen- 24 dere, Gallorum gentem infestissumam nomini Romano ad bellum arcessunt, dux hostium cum exercitu supra caput est; vos cunctamini 25 etiam nunc et dubitatis, quid intra moenia deprensis hostibus faciatis?

26 misereamini censeo – deliquere homines adulescentuli per ambitio-
27 nem – atque etiam armatos dimittatis: ne ista vobis mansuetudo et
28 misericordia, si illi arma ceperint, in miseriam convortat. scilicet res ipsa aspera est, sed vos non timetis eam. immo vero maxume. sed inertia et mollitia animi alius alium exspectantes cunctamini, videlicet dis inmortalibus confisi, qui hanc rem publicam saepe in maxumis
29 periculis servavere. non votis neque suppliciis muliebribus auxilia deorum parantur: vigilando, agundo, bene consulundo prospere omnia cedunt. ubi socordiae te atque ignaviae tradideris, nequiquam deos inplores: irati infestique sunt.
30 Apud maiores nostros A. Manlius Torquatus bello Gallico filium suum, quod is contra imperium in hostem pugnaverat, necari iussit,
31 atque ille egregius adulescens inmoderata fortitudinis morte poenas dedit; vos de curdelissumis parricidis quid statuatis, cunctamini? vi-
32 delicet cetera vita eorum huic sceleri obstat. verum parcite dignitati Lentuli, si ipse pudicitiae, si famae suae, si dis aut hominibus um-
33 quam ullis pepercit. ignoscite Cethegi adulescentiae, nisi iterum pa-
34 triae bellum fecit. nam quid ego de Gabinio, Statilio, Caepario loquar? quibus si quicquam umquam pensi fuisset, non ea consilia de
35 re publica habuissent. postremo, patres conscripti, si mehercule peccato locus esset, facile paterer vos ipsa re corrigi, quoniam verba contemnitis. sed undique circumventi sumus. Catilina cum exercitu faucibus urget; alii intra moenia atque in sinu urbis sunt hostes; neque parari neque consuli quicquam potest occulte: quo magis properandum est.
36 Quare ego ita censeo: quom nefario consilio sceleratorum civium res publica in maxuma pericula venerit, iique indicio T. Volturci et legatorum Allobrogum convicti confessique sint caedem, incendia aliaque se foeda atque crudelia facinora in civis patriamque paravisse, de confessis, sicuti de manufestis rerum capitalium, more maiorum supplicium sumundum.'
53 1 Postquam Cato adsedit, consulares omnes itemque senatus magna pars sententiam eius laudant, virtutem animi ad caelum ferunt, alii alios increpantes timidos vocant. Cato clarus atque magnus habetur; senati decretum fit, sicuti ille censuerat.

2 Sed mihi multa legenti, multa audienti, quae populos Romanus domi militiaeque, mari atque terra praeclara facinora fecit, forte lubuit
3 adtendere, quae res maxume tanta negotia sustinuisset. sciebam saepenumero parva manu cum magnis legionibus hostium contendisse; cognoveram parcis copiis bella gesta cum opulentis regibus, ad hoc saepe fortunae violentiam toleravisse, facundia Graecos, gloria belli
4 Gallos ante Romanos fuisse. ac mihi multa agitanti constabat pau-

corum civium egregiam virtutem cuncta patravisse, eoque factum, uti divitias paupertas, multitudinem paucitas superaret. sed post- 5 quam luxu atque desidia civitas conrupta est, rursus res publica magnitudine sua imperatorum atque magistratuum vitia sustentabat: ac, sicuti effeta esset partu multis tempestatibus haud sane quisquam Romae virtute magnus fuit. sed memoria mea ingenti virtute, divorsis 6 moribus fuere viri duo, M. Cato et C. Caesar. quos quoniam res obtulerat, silentio praeterire non fuit consilium, quin utriusque naturam et mores, quantum ingenio possum, aperirem.

Igitur iis genus, aetas, eloquentia prope aequalia fuere, magnitudo 1 54 animi par, item gloria, sed alia alii. Caesar beneficiis ac munificentia 2 magnus habebatur, integritate vitae Cato. ille mansuetudine et misericordia clarus factus, huic severitas dignitatem addiderat. Caesar 3 dando, sublevando, ignoscundo, Cato nihil largiundo gloriam adeptus est. in altero miseris perfugium erat, in altero malis pernicies. illius facilitas, huius constantia laudabatur. postremo Caesar in ani- 4 mum induxerat laborare, vigilare; negotiis amicorum intentus sua neglegere, nihil denegare, quod dono dignum esset; sibi magnum imperium, exercitum, bellum novom exoptabat, ubi virtus enitescere posset. at Catoni studium modestiae, decoris, sed maxume severitatis 5 erat; non divitiis cum divite neque factione cum factioso, sed cum 6 strenuo virtute, cum modesto pudore, cum innocente abstinentia certabat; esse quam videri bonus malebat: ita, quo minus petebat gloriam, eo magis illum adsequebatur.

Postquam, ut dixi, senatus in Catonis sententiam discessit, consul 1 55 optumum factu ratus noctem, quae instabat, antecapere, ne quid eo spatio novaretur, tresviros, quae supplicium postulabat, parare iubet. ipse praesidiis dispositis Lentulum in carcerem deducit; idem fit ce- 2 teris per praetores. est in carcere locus, quod Tullianum appellatur, 3 ubi paululum ascenderis ad laevam, circiter duodecim pedes humi depressus; eum muniunt undique parietes atque insuper camera la- 4 pideis fornicibus iuncta; sed incultu, tenebris, odore foeda atque terribilis eius facies est. in eum locum postquam demissus est Lentulus, 5 vindices rerum capitalium, quibus praeceptum erat, laqueo gulam fregere. ita ille patricius ex gente clarissuma Corneliorum, qui con- 6 sulare imperium Roma habuerat, dignum moribus factisque suis exitium vitae invenit. de Cethego, Statilio, Gabinio, Caepario eodem modo supplicium sumptum est.

Dum ea Romae geruntur, Catilina ex omni copia, quam et ipse ad- 1 56 duxerat et Manlius habuerat, duas legiones instituit, cohortis pro numero militum conplet. deinde, ut quisque voluntarius aut ex sociis 2

31

in castra venerat, aequaliter distribuerat, ac brevi spatio legiones numero hominum expleverat, cum initio non amplius duobus milibus
3 habuisset. sed ex omni copia circiter pars quarta erat militaribus armis instructa; ceteri, ut quemque casus armaverat, sparos aut lan-
4 ceas, alii praeacutas sudis portabant. sed postquam Antonius cum exercitu adventabat, Catilina per montis iter facere, modo ad urbem, modo Galliam vorsus castra movere, hostibus occasionem pugnandi non dare. sperabat propediem magnas copias sese habiturum, si Ro-
5 mae socii incepta patravissent. interea servitia repudiabat, quoius initio ad eum magnae copiae concurrebant, opibus coniurationis fretus, simul alienum suis rationibus existumans videri causam civium cum servis fugitivis communicavisse.

57 1 Sed postquam in castra nuntius pervenit Romae coniurationem patefactam, de Lentulo et Cethego ceterisque, quos supra memoravi, supplicium sumptum, plerique, quos ad bellum spes rapinarum aut novarum rerum studium illexerat, dilabuntur; reliquos Catilina per montis asperos magnis itineribus in agrum Pistoriensem abducit eo consilio, uti per tramites occulte perfugeret in Galliam Transalpinam.
2 at Q. Metellus Celer cum tribus legionibus in agro Piceno praesidebat, ex difficultate rerum eadem illa existumans, quae supra diximus, Catilinam agitare. igitur ubi iter eius ex perfugis cognovit, castra propere movit ac sub ipsis radicibus montium consedit, qua illi des-
4 census erat in Galliam properanti. neque tamen Antonius procul aberat, utpote qui magno exercitu locis aequioribus expeditus in fuga
5 sequeretur. sed Catilina, postquam videt montibus atque copiis hostium sese clausum, in urbe res advorsas, neque fugae neque praesidi ullam spem, optumum factu ratus in tali re fortunam belli temptare,
6 statuit cum Antonio quam primum confligere. itaque contione advocata huiusce modi orationem habuit:

58 1 'Compertum ego habeo, milites, verba virtutem non addere, neque ex ignavo strenuom neque fortem ex timido exercitum oratione im-
2 peratoris fieri. quanta quoiusque animo audacia natura aut moribus inest, tanta in bello patere solet. quem neque gloria neque pericula
3 excitant, nequiquam hortere: timor animi auribus officit. sed ego vos, quo pauca monerem, advocavi, simul uti causam mei consili aperirem.
4 Scitis equidem, milites, socordia atque ignavia Lentuli quantam ipsi nobisque cladem attulerit, quoque modo, dum ex urbe praesidia op-
5 perior, in Galliam proficisci nequiverim. nunc vero quo loco res no-
6 strae sint, iuxta mecum omnes intellegitis. exercitus hostium duo, unus ab urbe, alter a Gallia obstant; diutius in his locis esse, si maxume animus ferat, frumenti atque aliarum rerum egestas pro-
7, 8 hibet; quocumque ire placet, ferro iter aperiundum est. quapropter

vos moneo, uti forti atque parato animo sitis et, quom proelium inibitis, memineritis vos divitias, decus, gloriam, praeterea libertatem atque patriam in dextris vostris portare. si vincimus, omnia nobis tuta erunt: conmeatus abunde, municipia atque coloniae patebunt; si metu cesserimus, eadem illa advorsa fient, neque locus neque amicus quisquam teget, quem arma non texerint.

Praeterea, milites, non eadem nobis et illis necessitudo inpendet: nos pro patria, pro libertate, pro vita certamus; illis supervacuaneum est pugnare pro potentia paucorum. quo audacius aggredimini memores pristinae virtutis. licuit vobis cum summa turpitudine in exsilio aetatem agere, potuistis nonnulli Romae amissis bonis alienas opes exspectare: quia illa foeda atque intoleranda viris videbantur, haec sequi decrevistis. si haec relinquere vultis, audacia opus est: nemo nisi victor pace bellum mutavit. nam in fuga salutem sperare, quom arma, quibus corpus tegitur, ab hostibus avorteris, ea vero dementia est. semper in proelio iis maxumum est periculum, qui maxume timent: audacia pro muro habetur.

Quom vos considero, milites, et quom facta vostra aestumo, magna me spes victoriae tenet. animus, aetas, virtus vostra me hortantur, praeterea necessitudo, quae etiam timidos fortis facit. nam multitudo hostium ne circumvenire queat, prohibent angustiae loci. quod si virtuti vostrae fortuna inviderit, cavete inulti animam amittatis, neu capti potius sicuti pecora trucidemini quam virorum more pugnantes cruentam atque luctuosam victoriam hostibus relinquatis.'

Haec ubi dixit, paululum conmoratus signa canere iubet atque instructos ordines in locum aequum deducit. dein remotis omnium equis, quo militibus exaequato periculo animus amplior esset, ipse pedes exercitum pro loco atque copiis instruit. nam, uti planities erat inter sinistros montis et ab dextra rupe aspera, octo cohortis in fronte constituit, reliquarum signa in subsidio artius conlocat. ab iis centuriones, omnis lectos et evocatos, praeterea ex gregariis militibus optumum quemque armatum in primam aciem subducit. C. Manlium in dextra, Faesulanum quendam in sinistra parte curare iubet. ipse cum libertis et colonis propter aquilam adsistit, quam bello Cimbrico C. Marius in exercitu habuisse dicebatur. at ex altera parte C. Antonius, pedibus aeger quod proelio adesse nequibat, M. Petreio legato exercitum permittit. ille cohortis veteranas, quas tumulti causa conscripserat, in fronte, post eas ceterum exercitum in subsidiis locat. ipse equo circumiens unum quemque nominans appellat, hortatur, rogat, ut meminerint se contra latrones inermis pro patria, pro liberis, pro aris atque focis suis certare. homo militaris, quod amplius annos triginta tribunus aut praefectus aut legatus aut praetor cum magna gloria in exercitu fuerat, plerosque ipsos factaque eorum fortia noverat: ea commemorando militum animos accendebat.

60 1 Sed ubi omnibus rebus exploratis Petreius tuba signum dat, cohortis
2 paulatim incedere iubet; idem facit hostium exercitus. postquam eo ventum est, unde a ferentariis proelium conmitti posset, maxumo clamore cum infestis signis concurrunt; pila omittunt, gladiis res ge-
3 ritur. veterani pristinae virtutis memores comminus acriter instare,
4 illi haud timidi resistunt: maxuma vi certatur. interea Catilina cum expeditis in prima acie vorsari, laborantibus succurrere, integros pro sauciis arcessere, omnia providere, multum ipse pugnare, saepe hostem ferire: strenui militis et boni imperatoris officia simul exse-
5 quebatur. Petreius, ubi videt Catilinam, contra ac ratus erat, magna vi tendere, cohortem praetoriam in medios hostis inducit eosque perturbatos atque alios alibi resistentis interficit. deinde utrimque ex
6 lateribus ceteros aggreditur. Manlius et Faesulanus in primis pug-
7 nantes cadunt. Catilina, postquam fusas copias seque cum paucis relictum videt, memor generis atque pristinae suae dignitatis in confertissumos hostis incurrit ibique pugnans confoditur.

61 1 Sed confecto proelio tum vero cerneres, quanta audacia quantaque
2 animi vis fuisset in exercitu Catilinae. nam fere quem quisque vivos
3 pugnando locum ceperat, eum amissa anima corpore tegebat. pauci autem, quos medios cohors praetoria disiecerat, paulo divorsius, sed
4 omnes tamen advorsis volneribus conciderant. Catilina vero longe a suis inter hostium cadavera repertus est, paululum etiam spirans
5 ferociamque animi, quam habuerat vivos, in vultu retinens. postremo ex omni copia neque in proelio neque in fuga quisquam civis ingenuos
6 captus est: ita cuncti suae hostiumque vitae iuxta pepercerant. neque
7 tamen exercitus populi Romani laetam aut incruentam victoriam adeptus erat. nam strenuissumus quisque aut occiderat in proelio aut
8 graviter vulneratus discesserat. multi autem, qui e castris visundi aut spoliandi gratia processerant, volventes hostilia cadavera amicum alii, pars hospitem aut cognatum reperiebant; fuere item, qui inimicos
9 suos cognoscerent. ita varie per omnem exercitum laetitia, maeror, luctus atque gaudia agitabantur.

Verzeichnis der Eigennamen

Aborigines: Ureinwohner von Latium; 6,1.
Aefulanus (ager), Gebiet des Städtchens Aefula, nordöstlich von Rom; 43,1.
M'. Aemilius Lepidus: Konsul 66, verhinderte mit seinem Kollegen Volcatius den Ende 66 geplanten Putsch; 18,2.
L. Aemilius Paulus: Sohn des Konsuls Lepidus 78, Bruder des Triumvirn, klagte Catilina 63 de vi an; 31,4.
Aeneas: Sohn des Anchises und der Göttin Aphrodite (Venus), troianischer Held, sagenhafter Gründer von Lavinium in Latium; 6,1.
Allobroges: kriegerisches Volk in Gallia Narbonensis zwischen Rhône und Isère, 121 von Q. Fabius Maximus unterworfen; sie beschwerten sich 63 in Rom über die römische Willkürherrschaft und spielten eine wichtige Rolle bei der Entlarvung der Catilinarier; 40–52 passim.
Q. Annius: Senator, Catilinarier; 17,3. 50,4.
C. Antonius Hybrida: Anhänger Sullas, Volkstribun 71, aus dem Senat gestoßen und wieder aufgenommen, Prätor 66, als geheimer Catilinarier Konsul 63. Nach der Schlacht bei Pistorium 62 nahm er den Titel imperator an; 21,3. 24,1. 26,1. 4. 36,3. 56,4. 5. 57,4. 59,4. Er wurde 59 wegen Erpressung verurteilt und ging in Verbannung; 44 von Cäsar zurückgerufen.
Apulia: Landschaft im Südosten Italiens an der Adria; 27,1. 30,2. 3. 42,1. 46,3.
Arretinus (ager): Gebiet der Stadt Arretium (heute Arezzo) in Etrurien; 36,1.
Asia: der westl. Teil des Erdteils, 2,2; im engeren Sinn Kleinasien; 11,5.
Athenienses: die Athener; 2,2. 8,2f. 51,28.
Aurelia Orestilla: zweite Gattin Catilinas; 15,2. 35,3. 6.
L. Aurelius Cotta: Prätor 70, Konsul 65, Censor 64; mit Cicero befreundet; 18,5.
P. Autronius Paetus: für 65 zum Konsul designiert, konnte, wegen Amtserschleichung verurteilt, das Amt nicht antreten, worauf er sich Catilina anschloß; 17,3. 18,2. 47,1. 48,7.
Bestia, s. L. Calpurnius B.
Bruttius (ager): das Gebiet der Bruttii, heute Calabrien, die Südwestspitze Italiens; 42,1.
Brutus, s. Iunius Br.

Q. Caecilius Metellus Celer: 66 Legat unter Pompeius, 63 praetor urbanus; vom Senat in den ager Picenus gesandt, Konsul 60; 30, 5. 42, 4. 57, 2.
Q. Caecilius Metellus Creticus: Konsul 69, unterwarf als Prokonsul Kreta 68–66; wartete 63 außerhalb Roms als imperator auf den Triumph, den er 62 erhielt; 30, 3.
M. Caeparius: aus Terracina, Catilinarier, in Apulien und Rom tätig; 46, 3 f. 47, 1. 4. 52, 34. 55, 6.
Caesar, s. Julius.
L. Calpurnius Bestia: Anhänger Catilinas, designierter Volkstribun für 62; 17, 3. 43, 1.
C. Calpurnius Piso: Konsul 67, dann Prokonsul in Gallia Narbonensis, 63 von Cäsar angeklagt, 49, 1 f. (mit Erkl.); von Cicero verteidigt und freigesprochen.
Cn. Calpurnius Piso: an der 1. Verschwörung 66/65 beteiligt, fand er als quaestor pro praetore in Hispania ulterior 64 den Tod; 18, 4 f. 19, 1. 3. 5. 21, 3.
Camers, -ertis: Einwohner von Camerinum (heute Camerino) in Umbrien; 27, 1.
Capito, s. Gabinius C.
Capitolium: der alte Juppitertempel Roms. Nach ihm hieß der ganze Hügel Capitolium oder Mons Capitolinus; 18, 5. 47, 2.
Capua: Hauptstadt Campaniens; 30, 2. 5. 7.
Carthago: 146 von P. Cornelius Scipio Aemilianus erobert und zerstört; 10, 1.
Carthaginienses: die Einwohner Carthagos; 51, 6.
L. Cassius Longinus: Mitbewerber Ciceros um das Konsulat für 63, Anhänger Catilinas; 17, 3. 44, 1 f. 50, 4.
Catilina, s. Sergius.
Cato, s. Porcius.
Catulus, s. Lutatius.
Celer, s. Caecilius Metellus.
Cethegus, s. Cornelius.
Cicero, s. Tullius.
Cimbricum (bellum): der Krieg gegen die aus Jütland stammenden landsuchenden germanischen Cimbern (113–101); sie wurden von Marius bei Vercellae vernichtet; 59, 3.
Cinna, s. Cornelius.
Ti. Claudius Nero: Großvater des Kaisers Tiberius; 50, 4.
Concordiae (aedes): Tempel der Eintracht an der Nordecke des Forums, Tagungsort des Senats; 46, 5. 49, 4.
Cornelii: die Angehörigen der gens Cornelia, die zu den ältesten und vornehmsten Patriziergeschlechtern gehörte; 47, 2. 55, 6.

C. Cornelius: ein Catilinarier und Ritter; 17,4. 28,1.
C. Cornelius Cethegus: Genosse Catilinas; 17,3. 32,2. 43,2f. 44,1.
46,3. 47,4. 48,4. 50,2. 52,33. 55,6. 57,1.
L. Cornelius Cinna: Parteiführer der Popularen, Prätor 88, Konsul 87–84, wurde vor der Rückkehr Sullas von Soldaten erschlagen; 47,2.
P. Cornelius Lentulus Spinther: Ädil 63, unterstützt Cicero; 47,4. Konsul 57.
P. Cornelius Lentulus Sura: Quästor 81, Prätor 75, Konsul 71; 70 wegen seines Lebenswandels aus dem Senat gestoßen, wird er Anhänger Catilinas, 63 wieder Prätor und Senator; nach Catilinas Abreise Haupt der Verschwörung in Rom; 17,3. 32,2. 39,6. 43,1. 44,1. 3. 46,3. 5. 47,2ff. 48,4. 50,1. 51,7. 52,17. 32. 55,2. 5. 57,1. 58,4.
L. Cornelius Sulla Felix: geb. 138, Quästor 107 unter Marius im Jugurthinischen Krieg, Legat und Tribun im Cimbernkrieg, Prätor 93, Heerführer im Bundesgenossenkrieg, Konsul 88, Feldherr gegen Mithridates 88–84, Diktator 82–79, gestorben 78; 5,6. 11,4f. 28,4. 37,9. 47,2. 51,32. 34.
P. Cornelius Sulla: Brudersohn des Diktators, designierter Konsul für 65, wegen Amtserschleichung mit Autronius verurteilt, verlor er das Amt; 18,2.
P. Cornelius Sulla: Senator und Catilinarier; 17,3.
Ser. Cornelius Sulla: Senator und Catilinarier; 17,3. 47,1.
Ser. Cornelius Sulla: Vater der beiden letztgenannten; 17,3.
Q. Cornificius: Volkstribun 69, Prätor 67 od. 66, Mitbewerber Ciceros ums Konsulat für 63; 47,4.
Cotta, s. Aurelius.
Crassus, s. Licinius.
Creticus, s. Caecilius.
Crotoniensis: Einwohner von Kroton, einer achäischen, seit dem 2. Pun. Krieg römischen, Kolonie in Unteritalien; 44,3.
Q. Curius: Senator, Catilinarier und Verräter der Verschwörung; 17,3. 23,1. 4. 26,3. 28,2.
Cyrus: Gründer und 1. König des Perserreichs (559–529); 2,2.
Damasippus, s. Junius.
Etruria: Landschaft Mittelitaliens, nordwestl. von Latium. S. 27,1. 28,4.
Q. Fabius Sanga: Patron der Allobroger; 41,4f.
Faesulae: Bergstadt in Etrurien nördl. über Florenz (heute Fiesole); 24,2. 27,1. 30,1. 59,3. 60,6.
Figulus, s. Marcius.
Flaccus, s. Fulvius und Valerius.

C. Flaminius aus Arretium, Catilinarier; 36, 1.
Fulvia: vornehme Römerin, Geliebte des Q. Curius; 23, 3 f. 26, 3. 28, 2.
M. Fulvius Nobilior: Ritter und Catilinarier; 17, 4.
Fulvius: Catilinarier, vielleicht derselbe wie der vorhergehende, da die noch nicht in den Senat gelangten Senatorensöhne als Ritter galten; 39, 5.
P. Furius: Catilinarier, Kolonist aus Faesulae; 50, 4.
P. Gabinius Capito: eifriger Anhänger Catilinas; 17, 4. 40, 6. 43, 2. 46, 3. 47, 1. 4. 52, 34. 55, 6.
Galli: 1. allgemein die Gallier, die nördl. Grenznachbarn der Römer diesseits und jenseits der Alpen; 53, 3. bellum Gallicum vom J. 361; 52, 30. gens Gallica; 40, 1. – 2. = Allobroges (s. o.); 45, 3. 47, 2. 52, 24.
Gallia: 1. geographisch = das von den Galliern bewohnte Gebiet (Oberitalien und Westeuropa bis zum Rhein); 40, 2. 56, 4. 57, 3. 58, 4. 6. – 2. politisch unterschied man damals zwei röm. Provinzen: a) Gallia citerior od. Cisalpina, Oberitalien, seit 222 römisch; 42, 1. 3. b) Gallia ulterior oder Transalpina, Südostfrankreich, seit 122 römische Provinz (daher Provence); 42, 1. 57, 1.
Gracchi, s. Sempronius.
Graeci: 53, 3. litterae Graecae 25, 2 (adjektivisch).
Graecia: 2, 2. 51, 39.
Hispani: 19, 3. 5.
Hispania: Spanien; die bis dahin eroberten Teile sind durch die Sierra Nevada in zwei Provinzen geschieden (18, 5), Hispania citerior (19, 1. 21, 3) und ulterior.
Italia: die Apenninenhalbinsel ohne Oberitalien (Grenzfluß Rubico); 24, 2. 52, 15.
C. Julius: Catilinarier; 27, 1.
C. Julius Caesar: geb. 100, Quästor 68, Ädil 65, Pontifex Maximus 63, Prätor 62, Proprätor in Hispania ulterior 61, Bund mit Pompeius und Crassus 60, Konsul 59; 47, 4. 49, 1. 2. 4. 50, 4 ff. 52, 1. 13. 53, 6. 54, 2 ff.
L. Julius Caesar: Konsul 64; 17, 1.
D. Junius Brutus: Konsul 77, Gatte der Sempronia (s. d.); 40, 5.
L. Junius Brutus Damasippus: Marianer, als praetor urbanus 82 blutgieriger Verfolger der Sullaner, dafür von Sulla hingerichtet; 51, 32. 34.
D. Junius Silanus: designierter Konsul für 62; 50, 4. 51, 16 ff.
Laeca, s. Porcius.
Latinae (litterae): 25, 2.

Lentulus, s. Cornelius.
Lepidus, s. Aemilius.
M. Licinius Crassus: geb. 114, kämpft im Bürgerkrieg unter Sulla vor Rom (82); Konsul mit Pompeius 70 und 55, darauf Prokonsul in Syrien; Niederlage gegen die Parther bei Carrhae und Tod 53; 17,7. 19,1. 38,1. 47,4. 48,4–9.
C. Licinius Murena: Quästor 75, Legat gegen Mithridates 72–67, praetor urbanus 65; 42,3.
Longinus, s. Cassius.
Q. Lutatius Catulus, Führer der Optimaten nach Sullas Tod, Konsul 78, bei der Bewerbung um das Amt des Pontifex Maximus von Caesar besiegt. Beziehungen zu Catilina; 34,3. 35,1. 49,1.
Macedonicus (adjektivisch); 51,5.
A. (bei anderen *T.*) *Manlius Torquatus:* besiegte als Konsul 340 die Latiner und Campaner bei Trifanum und ließ seinen eigenen Sohn hinrichten, weil er sich gegen ausdrücklichen Befehl in einen Kampf eingelassen hatte; 52,30.
C. Manlius: einst Centurio Sullas, dann Kolonist in Faesulae, Führer der bewaffneten Erhebung in Etrurien, fand mit Catilina den Tod; 24,2. 27,1. 4. 28,4. 29,1. 30,1. 32,3. 36,1 f. 56,1. 59,3. 60,6. – Manliana castra, seine Lager bei Faesulae; 32,1.
L. Manlius Torquatus: Konsul 65, sollte durch die „Erste catilinarische Verschwörung" beseitigt werden; 18,5.
Marcellus, s. Claudius.
C. Marcius Figulus: Konsul 64; 17,1.
Q. Marcius Rex: Konsul 68, darauf Prokonsul in Cilicien. Von Pompeius verdrängt, wartete er 63 außerhalb Roms auf die Genehmigung seines Triumphes und bekämpfte Manlius in Etrurien; 30,3. 32,3. 34,1.
Massilia: alte griechische Kolonie, heute Marseille. Beliebte Zuflucht für Verbannte; 34,2.
Mauretania: selbständiges Königreich unter einheimischen Herrschern an der Nordküste Afrikas (heute Marokko und Westalgerien); 21,3.
Metellus, s. Caecilius.
Mithridaticum (bellum): s. Pompeius; 39,1.
Mulvius (pons): über diese Brücke führt, zwei Meilen nördlich der porta Flaminia Roms, die via Flaminia, von der bald darauf links die Straße nach Etrurien abzweigt; 45,1.
Murena, s. Licinius.
Nero, s. Claudius.
Nobilior, s. Fulvius.
Nucerinus: (ein Mann) aus Nuceria in Campanien; 21,3.

Orestilla, s. Aurelia.
Paulus, s. Aemilius.
Perses oder *Perseus:* König von Mazedonien (181–168). Im 3. mazedonischen Krieg (171–168) wurde er von L. Aemilius Paulus bei Pydna besiegt, entthront und im Triumph mitgeführt; er starb als Gefangener; 51, 5.
M. Petreius: Legat des Konsuls C. Antonius, Sieger in der Schlacht bei Pistoria; 59, 4. 60, 1. 5.
Picenus (ager): Landschaft Mittelitaliens am Adriatischen Meer; 27, 1. 30, 5. 42, 1. 57, 2.
Piso, S. Calpurnius.
Pistoriensis (ager): Gebiet von Pistoria im nördlichen Etrurien, heute Pistoia; 57, 1.
Plautia (lex) de vi, von dem Volkstribunen M. Plautius Silvanus im J. 89 eingebracht, bedrohte Aufruhr und Friedensbruch aller Art mit Verbannung; 31, 4.
Cn. Pompeius Magnus: geb. 106, siegt 83–81 mit eigenem Heer für Sulla, der ihn mit dem Beinamen Magnus auszeichnet; unterwirft 77–71 im Auftrag des Senats den Marianer Sertorius in Spanien und 71 in Italien die Reste der Sklavenbanden des Spartacus; als Konsul zusammen mit Crassus im J. 70 gewinnt er die Popularen durch Revision der sullanischen Verfassung. Nach der Vernichtung der Seeräuber im J. 67 und des Mithridates 66–63 gliedert er Vorderasien in das römische Reich ein. 60 Triumvirat mit Crassus und Caesar. 55 und 52 wieder Konsul. 49 Beginn des Bürgerkriegs gegen Caesar. 48 Niederlage bei Pharsalus und Tod in Ägypten; 16, 4. 17, 7. 19, 1. 2. 5. 38, 1. 39, 1.
Q. Pompeius Rufus: Prätor 63, nach Capua entsandt; 30, 5.
C. Pomptinus: Prätor 63, unterstützt Cicero tatkräftig; 45, 1. 4. Er siegt 61 und triumphiert 54 über die aufständischen Allobroger.
Porcia (lex): drei leges Porciae (Datum und Urheber unsicher) verboten die Geißelung und Hinrichtung römischer Bürger ohne vorhergehende Berufung (provocatio) an das Volk; 51, 22. 40.
M. Porcius Cato: geb. 95, Quästor 65, Volkstribun 62; Nachkomme des alten Cato und engagierter Vertreter der Senatspartei, bekämpft auch die Machtansprüche des Pompeius und Caesar. Im Bürgerkrieg gibt er sich nach Caesars Sieg bei Thapsus 46 selbst den Tod in Utica, daher Beiname Uticensis; 52, 1. 53, 1. 6. 54, 2–5. 55, 1.
M. Porcius Laeca: Senator und Catilinarier; 17, 3. 27, 3.
Punica (bella): 1. Punischer Krieg (um Sizilien) 264–241; 2. Punischer Krieg (gegen Hannibal) 218–201; 3. Punischer Krieg (Zerstörung Karthagos) 149–146; 51, 6.

Rex, s. Marcius.
Rhodii: Bewohner der Insel Rhodos; als Bundesgenossen Roms erhielten sie nach dem Sieg über Antiochus von Syrien Teile Südwestkleinasiens, mußten aber ihre Neutralität im 3. mazedonischen Krieg und ihr Eintreten für den besiegten Perseus (s. o.) mit dem Verlust dieser Gebiete und der Vernichtung ihres Handels büßen. 51, 5.
Rufus, s. Pompeius.
L. S. Saenius: Senator; 30, 1.
Samnites: mittelitalischer Volksstamm. Von ihnen stammen die Rundschilde (scuta) und Wurfspieße (veruta).
Sanga, s. Fabius.
Sempronia: vielleicht Tochter des C. Sempronius Gracchus, verheiratet mit D. Junius Brutus, dem Konsul von 77, Mutter des Caesarmörders gleichen Namens; 25. 40, 5.
Septimius (quidam): Catilinarier; 27, 1.
L. Sergius Catilina (häufig). Vorleben (s. Essay im Band „Übersetzungshilfen"): Patrizier, geb. um 108, ermordete als Scherge Sullas u. a. seinen eigenen Bruder und den M. Marius Gratidianus (daher seine Beziehungen zu Catulus: s. o. Lutatius). 73 wegen Unzucht mit der Vestalin Fabia angeklagt und freigesprochen; Prätor 68, Proprätor in Afrika 67, wegen seiner Erpressungen daselbst an der Bewerbung ums Konsulat für 65 verhindert, beteiligte er sich 66/65 an einem Staatsstreich (sog. 1. catilinarische Verschwörung), der scheiterte. Nachdem er bei den Konsulwahlen für 63 und 62 wieder durchgefallen war, versuchte er auf eigene Faust einen Staatsstreich.
Sibyllini libri: drei Bücher mit griechischen Weissagungen der Sibylle von Cumae (bei Neapel), angeblich von König Tarquinius erworben, bei besonderen Anlässen auf Befehl des Senats von den quindecimviri sacris faciundis eingesehen. Nach ihrer Vernichtung beim Brand des Juppitertempels im J. 83 hatte man eine neue Sammlung angelegt; 47, 2.
Silanus s. Junius.
P. Sittius: aus Nuceria (s. Nucerinus), begab sich im Einvernehmen mit Catilina nach Spanien, erst später nach Mauretanien; 21, 3.
Spinther, s. Cornelius Lentulus.
L. Statilius: römischer Ritter, Catilinarier; 17, 4. 43, 2. 44, 1. 46, 3. 47, 4. 52, 34. 55, 6.
Sulla, s. Cornelius.
Sura, s. Cornelius Lentulus.
L. Tarquinius: ein Angeber, sonst unbekannt; 48, 3. 5. 6. 8.
Cn. Terentius: Senator; 47, 4.

Terracinensis, s. Caeparius.
Torquatus, s. Manlius.
Transalpinum (bellum), s. Gallia.
Transpadanus (quidam): ein Gallier aus Oberitalien jenseits des Po (Padus); 49,2.
Troiani, s. Aeneas; 6,1.
Tullianum; 55,3f.
M. Tullius Cicero: Redner, Staatsmann und philosophischer Schriftsteller; geb. 106 bei Arpinum in Latium; in Rom, Athen und auf Rhodos zum Redner ausgebildet, wurde er 75 Quästor in Sizilien und trat damit in den Senat ein. 69 Ädil, 66 Prätor. Als Konsul rettete er 63 den Staat vor den Umsturzplänen Catilinas. Wegen der Hinrichtung der Catilinarier mußte er 58/57 auf Betreiben Caesars in die Verbannung gehen. 51 Prokonsul in Cilicien. Im Bürgerkrieg trat er 49 auf die Seite des Pompeius, wurde aber später von Caesar begnadigt. Nach dessen Ermordung kämpfte er an der Spitze des Senats gegen Antonius, dafür wurde er Ende 43 von diesem geächtet und von seinen Häschern erschlagen; 22,3. 23,5. 24,1. 26,1. 27,4. 28,1f., 29,1. 31,6f. 36,3. 41,5. 43,1f. 44,1. 45,1. 48,1. 6. 8f. 49,1. 51,35.
Tullus, s. Volcatius.
Tusci: die Etrusker, Bewohner von Etrurien; 51,38.
P. Umbrenus: ein Freigelassener, der mit den Allobrogern verhandelte; er entzog sich der Strafe durch Flucht; 40,1ff. 50,4.
L. Valerius Flaccus: Prätor 63, unterstützte Cicero tatkräftig; 45,1. 46,6.
L. Vargunteius: Quästor 75, Senator; erbot sich, Cicero zu ermorden; 17,3. 28,1. 47,1.
Vesta: Göttin des häuslichen Herds. In ihrem Tempel am Forum hatten sechs jungfräuliche Priesterinnen, die Vestalinnen, ein ewiges Feuer zu unterhalten; brach eine das Gelübde der Keuschheit, so galt das für ein böses Vorzeichen, das durch große Staatsopfer gesühnt werden mußte, während die Schuldige lebendig begraben wurde. 73 kam es deswegen zu einem großen Prozeß, in den auch Catilina verwickelt war; er endete mit Freispruch; 15,1.
L. Volcatius Tullus: Konsul 66, verhinderte Ende 66 den Ausbruch der sogenannten 1. catilinarischen Verschwörung; 18,2.
T. Volturcius: ein Catilinarier aus Kroton in Unteritalien; mit den Allobrogern verhaftet, erlangte er durch offenes Geständnis Straflosigkeit; 44,3f., 45,3f. 46,6. 47,1. 48,4. 49,4. 50,1. 52,36.

Die wichtigsten Textvarianten

	Ramsey	Kurfess	Hellegouarc'h	Ernout
Titel	Bellum Catilinae	Catilinae Coniuratio	De Catilinae coniuratione	De coniuratione Catilinae
2.8	transiere	transigere	transiere	transiere
3.2	exaequando	exaequanda	exaequanda	exaequanda
	dehinc	dein	dehinc	dehinc
3.5	eadem qua	eadem quae	eadem quae	eadem quae
6.1	cumque his	et cum his	cumque is	cumque is
7.4	usum militiae	usum militiae	usu militiam	usu militiam
10.2	otium divitiaeque	otium divitiaeque	otium divitiae	otium divitiae
15.5	colos ei exsanguis	color exanguis	color ei exsanguis	color ei exsanguis
18.1	in quibus	in quis	in quis	in quibus
19.2	Cn. Pompei	Pompei	Cn. Pompeio	Cn. Pompeio
20.2	forent	forent	forent	forent
22.2	dictitare	dicationem	dictiare	dictiare
23.3	interdum	etiam	interdum	interdum
25.2	Graecis et Latinis	Graecis Latinis	Graecis et Latinis	Graecis et Latinis
28.4	fecerat	fecerant	fecerat	fecerat
30.4	hi	hi	i	i
31.3	omni rumore	omni rumore	rogitare, omnia pavere	rogitare, omnia pavere
	adripere omnia	adripere omnia		
31.5	sicut	sicut	sicut	sicubi
31.9	restinguam	extinguam	restinguam	restinguam
33.1	patriae, sed	patriae, sed	patriae, sed	patria sed e
33.2	miseriti	miseriti	miseriti	miseriti
35.3	solvere possem	solvere non possem	soluere non possem	solvere non possem
36.5	atque uti	atque uti	atque uti	atque uti

43

	Ramsey	Kurfess	Hellegouarc'h	Ernout
42.3	in citeriore Gallia	in Gallia citeriore	in citeriore Gallia	in uteriore Gallia
43.1	Faesulanum	Aefulanum	Faesulanum	Faesulanum
50.4	suum quodque	suum quodque	suum quisque	suum quoique
51.5	dixerat qui	dixit quod	dixerat qui	dixerat qui
50.4	atque advorsa	et advorsa	atque advorsa	atque advorsa
51.5	dixerat qui	dixit quod	dixerat qui	dixerat qui
51.27	atque advorsa	et advorsa	atque advorsa	atque advorsa
51.35	ignaros eius	ignaros eius	ignaros eius	ignaros (eius)
51.42	Atque ego haec illis	atque haec ego illis	Atque ego haec illis	atque ego haec in illis
52.13	existumans ea quae	existumans ea, quae	existumans ea quae	existumans quae
52.29	prospera	prospera	prospera	prospera
52.36	maxuma pericula	summa pericula	maxuma pericula	maxuma pericula
53.5	magnitudine sua	magnitudine sui	magnitudine sua	magnitudine sua
	sicuti effeta	sicuti effeta	sicuti effeta	sicuti (esset)
	parentum (vi)	(esset) partu	parentum (vi)	effeta pariendo
53.6	possum	possum	possum	possum
55.6	exitium vitae	exitum vitae	exitium uitae	exitium vitae
57.4	expeditos	expeditus	expeditus	expeditus
59.2	et ab dextra	et ab dextra	ab dextra	ab dextera
	rupe(m) aspera(m)	rupe aspera	rupe aspera	rupe
59.3	Ab eis centuriones, omnis	ab his omnis evocatos et cenuriones	Ab eis centuriones, omnis lectos et euocatos	ab eis centuriones, omnis lectos et evocatos
	lectos et evocatos			
	quemque armatum	quemque armatum	quemque armatum	quemque armatum
59.5	inermis	inermis	inermos	inermos
61.2	quisque vivos	quisque (vivos)	quisque uiuos	quisque vivos
61.3	paulo divorsius, sed omnes	paulo divorsius, (alis alibi stantes), sed omnes	paulo diuorsius, sed omnes	paulo divorsius, sed omnes